Inhalt

Blick auf die Altstadt Dubrovniks

Daniela Schetar, Friedrich Köthe

CITY|TRIP
DUBROVNIK

Nicht verpassen!

3 Franziskanerkloster und -kirche (Franjevački samostan) [C2]
Die älteste Apotheke Europas und ein Kreuzgang entführen in die Frühzeit der Stadtrepublik Ragusa (s. S. 17).

4 Placa (Stradun) [C2]
Dubrovniks Hauptstraße ist Sehenswürdigkeit, Flaniermeile und Shoppingerlebnis in einem (s. S. 19).

5 Luža [D3]
Sponzapalast, Uhrturm, Kirche Sv. Vlaho und Rolandssäule bilden am Luža-Platz ein stimmiges Ensemble und eine wunderbare Kulisse für Erinnerungsfotos (s. S. 19).

6 Sponzapalast [D3]
Hinter zierlichen gotischen Maßwerkfenstern zeigt der Sponzapalast eine Ausstellung, die an die Opfer des letzten Krieges erinnert (s. S. 20).

9 Rektorenpalast [D3]
Der Palast bietet bezaubernde Architektur, ein spannendes historisches Museum und den Blick in die Amtsräume des früheren Dubrovniker Stadtoberhaupts (s. S. 23).

18 Dominikanerkloster [E2]
In dem mit Orangen und Palmen bepflanzten Kreuzgang könnte man ganze Tage verbringen (s. S. 31).

20 Prijeko-Gasse (ulica Prijeko) und das Viertel nördlich der Placa [D2]
Die Gegend ist nicht etwa der vielen Restaurants, sondern vielmehr der wunderbaren Stadtpaläste wegen zu empfehlen, die hier noch erhalten sind. (s. S. 33).

22–25 Stadtmauer
Der knapp zwei Kilometer lange Rundgang auf der vollständig erhaltenen Stadtmauer um die Altstadt geizt nicht mit wunderbaren Fotoperspektiven – sowohl in Richtung Stadt als auch in Richtung Meer (s. S. 35).

34 Arboretum Trsteno
Ein traumhaft schöner Garten erweckt die Blütezeit der Stadtrepublik Ragusa zum Leben (s. S. 49).

39 Cavtat
Die „Miniaturausgabe Dubrovniks" ist zugleich ein Paradies für Amphorentaucher (s. S. 62).

Leichte Orientierung mit dem cleveren Nummernsystem

Die Sehenswürdigkeiten sind im Text und im Kartenmaterial mit derselben **magentafarbenen ovalen Nummer** 1 markiert. Alle anderen Lokalitäten wie Geschäfte, Restaurants usw. tragen ein **Symbol und eine fortlaufende rote Nummer** (1). Die Liste aller Orte befindet sich auf Seite 140, die Zeichenerklärung auf Seite 143.

Zeichenerklärung

★★★ nicht verpassen
★★ besonders sehenswert
★ wichtig für speziell interessierte Besucher

[A1] Planquadrat im Kartenmaterial. Orte ohne diese Angabe liegen außerhalb unserer Karten. Ihre Lage kann aber wie die von allen Ortsmarken mithilfe der begleitenden Web-App angezeigt werden (s. S. 143).

Updates zum Buch

www.reise-know-how.de/citytrip/dubrovnik20

Vorwahlen

- für Kroatien: 00385
- für Dubrovnik: 020

Adressangaben

Die Dubrovniker werden nur selten eine Adresse mit **Straßennamen und Hausnummer** nennen. Abgesehen von den drei großen, von West nach Ost verlaufenden Transversalen Placa (Stradun), ulica Prijeko und ulica od Puča werden die Straßen oft nach geografischen Gegebenheiten benannt wie etwa „neben der luža" oder „vor dem Hotel Bellevue". Manche Straßen heißen sogar offiziell so, z. B. die Gasse Za Rupama („hinter dem Rupe").

Eine andere Besonderheit ist die nicht selten fehlende Hausnummer. Sie wird dann durch die Angabe „bb" ersetzt.

Dubrovnik war schon immer ein beliebtes Reiseziel an der kroatischen Adria, doch seit die Stadt dem Filmteam der Fantasyserie „Game of Thrones“ regelmäßig als Filmkulisse diente, sind die Besucherzahlen explodiert. Ihre neue Beliebtheit weiß die Stadt zu nutzen. Preise für Unterkunft, Essen und Eintritte werden regelmäßig kräftig angehoben.

Neue Bescheidenheit

Um Zugangsbeschränkungen zur Altstadt vermeiden zu können, versucht die Stadt, auf andere Weise Platz zu schaffen: durch den Verzicht auf Souvenirstände, einen Genehmigungsstopp für neue Restaurants für die nächsten fünf Jahre und den Rückbau der Freisitze um 30 %. Eine Touristengruppe hat es aber schon getroffen: Pro Tag dürfen nur noch zwei Kreuzfahrtschiffe an die Kais und deren Passagiere in die Gassen.

Ausschließlich kroatisch!

Life According to KAWA (s. S. 90) hat sich auf die Fahne geschrieben, nur in Kroatien designte und hergestellte Produkte zu verkaufen. Von der Couch über Craft Beer und Schokolade bis hin zu Kosmetik, Kleidung, Uhren, Schmuck und Taschen.

Adel und Inselkloster

Francesca von Habsburg war so etwas wie eine Lichtgestalt für das kriegsgebeutelte Dubrovnik. Die Mäzenin initiierte und finanzierte zahlreiche Projekte zur Bewahrung der Kultur. Nach mehrere Jahre währenden Renovierungsarbeiten konnte zuletzt das über 500 Jahre alte Franziskanerkloster auf Lopud als Kulturzentrum seine Türen öffnen (s. S. 58).

004du Abb.: nk

DUBROVNIK ENTDECKEN

Willkommen in Dubrovnik

Dubrovniks Altstadt ist flächendeckend Fußgängerzone. Sie lädt zum Flanieren und Bummeln ein und die vielen Cafés und Restaurants sorgen dafür, dass man immer ein Plätzchen für eine Ruhepause findet.

Der Bereich innerhalb der Wehrmauern ist mit ca. 1,5 km² nicht groß und sehr übersichtlich, dabei aber gespickt mit Sehenswürdigkeiten. Die Hauptattraktionen gruppieren sich entlang der **Hauptachse**, der **Placa**, auch **Stradun** 4 genannt, und der davon abzweigenden Straße **Pred Dvorom.** Ein Bummel entlang dieser beiden Straßen führt vorbei an **wunderbar erhaltener Architektur** von Romanik bis Barock und dem interessanten **stadtgeschichtlichen Museum im Rektorenpalast** 9. Man kann sakrale Kunst in der Schatzkammer der **Kathedrale** 12 und den lebhaften Alltag auf den beiden Plätzen **Gundulićeva** 11 und **Bunićeva poljana** [D4] genießen. Eine Sehenswürdigkeit für sich, für die man ca. zwei Stunden Zeit einplanen sollte, ist die **Stadtmauer** mit ihren Toren und Festungen (22–25).

Die weniger touristischen Bereiche der Altstadt verbergen sich in den Seitengassen, z. B. in denen des historischen Viertels **Pustijerna** 14 oder in den **Querstraßen von Placa und Prijeko** 20. Auch die Gasse **Od Puča** [C/D3] wirkt in Teilen noch sehr authentisch. Mittelpunkt des **Kneipenlebens** ist der Platz Bunićeva poljana, den sich sechs ganz unterschiedliche Cafés und Bars teilen. Außerhalb der Altstadt lockt der östliche Stadtteil **Ploče** all diejenigen, die sich für moderne Kunst und Klubkultur interessieren. Neben der **Kunstgalerie** 29 residieren hier die Künstlerinitiative **Art radionica Lazareti** (s. S. 72) und zwei **Klubs**, in denen die Dubrovniker Szene verkehrt: Culture Club Revelin (s. S. 86) und Lazareti (s. S. 87).

Westlich der Altstadt liegen die modernen Stadtviertel **Gruž** 32, **Lapad** und **Babin Kuk.** Gruž mit seinem großen Hafen und dem lebhaften Fisch- und Gemüsemarkt bietet ein Kontrastprogramm zum historischen Dubrovnik. Hier wird Alltag erlebbar, und auch die Restaurants zeigen ein weniger touristisches Gesicht. Lapad und Babin Kuk hingegen sind von Strandhotels geprägt. Nichtsdestotrotz ist die Meerespromenade **Lapadska obala** [b/ch] an lauen Sommerabenden ein beliebter Treff der Dubrovniker, die sich hier zum Bummeln, Eisessen oder Kaffeetrinken verabreden.

Ein zentral gelegener Fluchtpunkt für Ruhesuchende ist der **Park Gradac** 31 und eine kurze Schifffahrt bringt einen vom Alten Hafen 7 zur Insel **Lokrum** 28, wo man spazierengehen und an Felsbuchten baden kann.

Die **Entfernungen** sind nicht groß und auch Strecken außerhalb der Altstadt sind gut zu Fuß zu bewältigen. Ein **Busnetz** verbindet die Altstadt mit den östlich und westlich liegenden modernen Stadtvierteln. Man kann auch bei einigen Hotels **Fahrräder** ausleihen, sollte sich aber darüber im Klaren sein, dass die Stadt sehr hügelig angelegt ist und man immer wieder Steigungen bewältigen muss, wenn man in den modernen Vierteln unterwegs ist. Zudem ist der Fahrstil in der Stadt ziemlich rasant und nicht unbedingt fahrradfreundlich. Die Altstadt ist zudem für Fahrräder gesperrt.

052du Abb.: fo©anshar73 stock.adobe.com

Kurztrip nach Dubrovnik

Tag 1

Die Stadt ist nicht groß und die zahlreichen Sehenswürdigkeiten liegen nah beieinander. Auch wenn man nur einen Tag Zeit hat, kann man also die ganze Stadt erkunden und dabei die wichtigsten Highlights besuchen. Ein Vorschlag für einen **Stadtspaziergang** findet sich auf Seite 11.

Nach dem ersten Tag hat man alle bedeutenden Sehenswürdigkeiten gesehen und kann für den zweiten Tag ins Detail gehen. Wenn man auch Dubrovniks Umgebung besuchen möchte, ist eher ein drei- oder viertägiger Aufenthalt empfehlenswert.

Steinerne Schönheit: Dubrovniks Altstadt wirkt wie aus einem Guss

S. 7: Im Alten Hafen 7 ankern Fischerboote und Jachten

Tag 2

Am folgenden Morgen (Badesachen nicht vergessen!) startet man erneut am Pile-Tor 22 und biegt an der Široka ulica von der Placa (Stradun) 4 nach rechts. Es geht treppauf zum alles überragenden Getreidespeicher **Rupe** 16, in dem das **Ethnographische Museum** über die Volkskultur in der Region Dubrovnik informiert. Ein Stück bergab und dann entlang der Straße Od Rupa nach Osten gelangt man zur „Spanischen Treppe" und hinunter auf die **Gundulićeva poljana** 11, wo am Vormittag buntes Markttreiben herrscht. Traditionell stünde hier ein Austernfrühstück im **Restaurant Kamenice** (s. S. 78) auf dem Programm, aber rohe Muscheln sind ja nicht jedermanns Sache. Weiter geht es zum **Dominikanerkloster** 18 mit seinem zauberhaften Kreuzgang und der wertvollen Gemäldesammlung und nur wenige Schritte entfernt eröffnet sich in der archäologischen Sammlung des **Forts Revelin** 24 ein interessanter Blick auf die Stadtgeschichte. Für Freunde moderner Kunst ist die **Kunstgalerie** 29 das nächste Ziel und auch in der ehemaligen Quarantänestation **Lazareti** 27 sind interessante Galerien beheimatet. Für ein Mittagessen wählt man eines der Restaurants rund um den **Alten Hafen** 7.

Zurück in der Altstadt steht die Besichtigung der **Synagoge** 19 auf dem Programm, dann folgt man der **ulica Žudioska** 19, der Judengasse, bis zur **ulica Prijeko** 20, wo sich ein Restaurant ans andere reiht. Die Boškovićeva ulica treppauf gehend erreicht man das Buža-Tor und ein Stück weiter die Talstation der Seilbahn auf den **Berg Srđ** 30. Von oben hat man einen wunderbaren Blick auf Dubrovnik und die vorgelagerte Insel Lokrum. Nach Besichtigung des **Museums des Unabhängigkeitskampfes**, das an die Gräuel des Jugoslawienkrieges und die Belagerung Dubrovniks 1991/1992 erinnert, geht es wieder hinunter in die Altstadt und zum Alten Hafen. Mit dem Schiff setzt man zur **Insel Lokrum** 28 über und sucht sich beim Spaziergang über das üppig bewachsene Eiland eine Badebucht, in der man ein, zwei Stündchen die Sonne und das Meer genießen kann. Den Abschluss des Tages feiert man entweder mit einem feinen Essen im **Restaurant Sesame** (s. S. 80) oder aber bei einem Sundowner in der atemberaubenden **Sunset Lounge** (s. S. 86) des Hotels Dubrovnik Palace.

Das gibt es nur in Dubrovnik

- *Die **längste, komplett erhaltene Stadtmauer Europas** (s. S. 35).*
- *Die **älteste durchgängig in Betrieb befindliche Apotheke Europas** (s. S. 18).*
- *Die originellen **Buža-Bars** auf den Uferfelsen (s. S. 85).*
- *Ein **Postschiff**, das Menschen, Waren, Kleinvieh und Post auf die Elafitischen Inseln bringt (s. S. 54).*
- *Eine **Treppe für züchtige Damen**, deren Geländer bis zur Hälfte zugemauert ist, damit niemand unter die Röcke gucken kann (s. S. 31).*
- *Die **rožata**, eine Crème brûlée mit Hagebuttenlikör.*
- *__Bitterorangenbäumchen__ in den Parks. Seit dem 12. Jh. ist diese besondere Frucht in Dubrovnik verbürgt.*

008du Abb.: nk

Bitterorangen schmücken den Kreuzgang des Dominikanerklosters 18

Tag 3

Am dritten Tag hat man die Qual der Wahl: Ein Ausflug ins reizende Städtchen **Cavtat** 39 und ins **Konavle-Tal** 40 verbindet Stadtbummel, ländliche Küche und Strandvergnügen. Der Abstecher zum **Arboretum Trsteno** 34 und zu den **Festungsanlagen von Ston** 35 eröffnet einen Blick auf die Besonderheiten und Errungenschaften der Stadtrepublik Ragusa (s. S. 98). Der Tag auf einer der bezaubernden **Elafiteninseln** (36–38) lässt sich mit Wanderungen, Schwimmen und feinem Essen füllen, zudem ist die Fahrt auf dem Postschiff ein originelles Abenteuer. Am besten nimmt man sich eine ganze Woche Zeit, damit alles ausgiebig genossen werden kann.

Stadtspaziergang

Ausgangspunkt dieses Rundgangs ist der Platz Brsalje vor dem **Pile-Tor** 22. Man sollte die mächtigen **Wehrmauern** (22–25) und das **Fort Lovrijenac** 26 bewundern, bevor man sich durch das Stadttor in die Altstadt begibt. Den besten Überblick über die Altstadt und den intensivsten Eindruck von Dubrovniks Wehrhaftigkeit bekommt man beim **Rundgang über die 1,9 km lange Stadtmauer**. Je nachdem, wie intensiv man sich den Türmen, Bastionen und der herrlichen Aussicht widmet, benötigt man für diese erste Tagesetappe, die über Trep-

Wehrhaft präsentiert sich Dubrovnik vor allem zur Seeseite

071du Abb.: fo©ivanmateev stock.adobe.com

pen und schräge Ebenen auf und ab führt, rund eineinhalb bis zwei Stunden. Zurück am Pile-Tor verdienen der **Große Onofrio-Brunnen** 1 und die zierliche Kirchenfassade von **Sv. Spas** gegenüber die Aufmerksamkeit des Besuchers. Bevor man sich zum eigentlichen Stadtbummel aufmacht, kann man auf einen Cappuccino im Café Festival (s. S. 84) einkehren.

Entlang der Hauptstraße **Placa** 4, die von den Einheimischen auch Stradun genannt wird, spaziert man an Läden, Cafés und Eisdielen vorbei. Links und rechts zweigen **schmale Sträßchen** ab, und es lohnt sich, in eine dieser von hohen Häusern aus Renaissance und Barock gesäumten Gassen hineinzuschauen. Vor allem die nach Norden und bergauf führenden Gassen mit ihren steilen Treppenstufen sind ungemein malerisch. Am Ostende der Placa erwartet den Besucher ein Ensemble verschiedenster Baustile: der mit gotischen Fenstern geschmückte **Sponzapalast** 6, die barocke Kirche des Stadtpatrons **Sv. Vlaho** 8, die **Rolandssäule** (s. S. 19) und der **Uhrturm** am Platz **Luža** 5. Ein Durchgang bringt einen zum **Alten Hafen** 7, wo mehrere Restaurants zu einer Mittagsrast laden.

Der Nachmittag beginnt mit einem Besuch im **Rektorenpalast** 9 mit dessen kulturhistorischem Museum. Von dort sind es wenige Schritte zur **Kathedrale** 12 mit ihrer sehenswerten Schatzkammer und weiter zum **Fort Sv. Ivan** 13, in dem das Maritime Museum und ein Aquarium die Welt der Seefahrt und des Meeres erklären. Durch das Viertel **Pustijer-**

Routenverläufe im Stadtplan

Der hier beschriebene Spaziergang ist mit einer grünen Linie im Stadtplan eingezeichnet. Den rechts beschriebenen GoT-Rundgang markiert eine rote Linie.

Am frühen Morgen wirkt die Altstadt wie ein steinernes Museum

na 14 und an der Stadtmauer entlang bummelt man zur Kultbar Buža I (s. S. 85) und gönnt sich eine entspannte Pause auf den Uferfelsen. Vorbei an der **Jesuitenkirche St. Ignatius** 15, dem **Naturkundemuseum** (s. S. 71) und über die Dubrovniker Kopie der Spanischen Treppe erreicht man die **Gundulićeva poljana** 11 und biegt in die Gasse **Od Puča** (s. S. 31) ein, in der neben vielen Boutiquen auch noch einige alteingesessene Geschäfte zu finden sind. Die Tour endet am ehemaligen **Klarissinnenkloster** 2 und dem **Großen Onofrio-Brunnen** 1 vor dem Pile-Tor. Für ein Abendessen kehrt man entweder in die Altstadt, z. B. ins Wanda (s. S. 80) in der Prijeko-Gasse, zurück oder man wählt einen Tisch auf der Terrasse des Dubravka 1836 (s. S. 77) und genießt den Blick auf die von Scheinwerfern angestrahlte Dubrovniker Stadtmauer.

Auf den Spuren von Game of Thrones

Seit der zweiten Staffel fungierte Dubrovnik als Drehort für die Fantasy-Saga Game of Thrones (GoT). Fans der Serie können auf dem folgenden Rundgang den Helden und Schurken aus den Häusern Lennister, Baratheon und Targaryen folgen und die Orte der aufregendsten Szenen besuchen. (In Klammern die Staffelnummer.)

Die **Tour** führt überwiegend durch die Altstadt, die in der Serie zu einem der Zentren der Geschichte wird – die Hauptstadt der Sieben Königslande, **Königsmund.** Bevor man sich durchs **Pile-Tor** 22 ins Königreich begibt, steht ein Abstecher zur kleinen Bucht „King's Landing" zwischen den **Festungen Bokar** 23 und **Lovrijenac** 26 an: In der Serie ist dies die Mündung des Schwarzwasser-Flusses. Am **Pier** verabschieden die Baratheons Prinzessin Myrcella, die in Dorne verheiratet werden soll (St. 2), und nehmen hier ihren heimgeführten Leichnam in Empfang (St. 6). Außerdem treffen hier Sansa Stark und ihre Dienerin Shae auf Petyr „Kleinfinger" Baelish, der Sansa bei der Flucht aus Königsmund helfen will (St. 3). In dieser in der Realität kleinen Bucht schwer nachzuvollziehen ist die Schlacht am Schwarzwasser (St. 2), die Königsmund hier unter dem Oberbefehl von Tyrion Lennister gegen die Flotte von Stannis Baratheon schlägt – zu effektiv ist die computergesteuerte Tricktechnik heute.

Die mächtige Festung **Lovrijenac** 26 ist Königsmunds Roter Bergfried, Sitz der Baratheon-Könige und Schauplatz vieler Szenen. Hier spielt die Namenstagsfeier für König Joffrey mit prachtvollem Turnier (im dreieckigen Innenhof) oder die berühmte Power-is-Power-Szene zwischen Königin Cersei und Petyr Baelish (jeweils St. 2). Von der **Plattform der Festung** bietet sich ein fantastischer Blick über die Bucht: Den genießt auch Tyrion Lennister, als er von hier oben die herannahende Flotte Stannis Baratheons beobachtet. Auf der gegenüberliegenden Seite fällt der Blick von Lovrijenac auf die grüne Oase des **Gradac-Parks** 31, in dem der grausame Kindkönig Joffrey und Lady Margaery Tyrell ihre Purpurne Hochzeit feiern, die mit Joffreys qualvollem Tod endet. Da es einigen Serienstatisten gelang, heimlich Handyaufnahmen von Joffreys „Tod" aufzunehmen, sorgte diese Schlüsselszene schon lange vor ihrer Ausstrahlung für Furore im Internet.

Die zahlreichen Dreharbeiten haben manch einen auch verärgert: Das **Pile-Tor**, durch das die Tour nun hinein in die Altstadt bzw. nach Königsmund führt, war Schauplatz des Volksaufstands gegen die Königsfamilie wegen der Verschickung der beliebten Prinzessin Myrcella (St. 2). Tatsächlich wurden inneres und äußeres Tor für den **Dreh der Massenszene** für gerade einmal 15 Minuten geschlossen. Was dennoch zu einem „echten" Aufstand führen sollte, nämlich dem einer italienischen Kreuzfahrt-Reisegruppe, die auf ihrem Landgang nicht willens war, auf die Öffnung des Tores zu warten, und dies laut protestierend kund tat.

Hinter dem Pile-Tor führt die Tour links auf die **Stadtmauer**, die in vielen Spielszenen wiederzuerkennen ist. Der Eunuch Varys, der Zwerg Tyrion, die Prostituierte Shae – sie alle wandeln, träumen und streiten auf dem fast zwei Kilometer langen Bollwerk, stets mit dem grandiosen **Panorama der Dubrovniker Altstadt** vor Augen. Königin Cersei beobachtet von hier übrigens auch die Explosion der Großen Septe (Finale St. 6). Bei der Umrundung der Altstadt bzw. Königsmunds auf der Mauer begegnet man vielen bekannten Serienorten. Eine besondere Rolle spielt der **Minčeta-Turm** (25): Er stellt das Haus der Unsterblichen dar, aus dem Daenerys Targaryen ihre gestohlenen Drachen befreit (St. 2). Serienpilger pflegen den Turm wie Daenerys auf ihrer Suche nach dem geheimen Eingang zu umrunden.

Dubrovniks Altstadtgassen haben in ebenso vielen Szenen „mitgespielt" wie die Stadtmauer. Und mit den Episoden im Kopf durch die Nebengassen schreitend, erkennt man schnell die eine oder andere Stelle wieder. Die Tour führt weiter durch Königsmund bzw. die Altstadt entlang der Hauptstrasse (**Placa**) und über den **Marktplatz** und erreicht erreicht am östlichen Ende die Gasse Sv. Dominika mit dem **Dominikanerkloster.** An der halbrunden, zum Portal der **Dominikanerkirche** (18) führenden Treppe treffen Tyrion Lennister und Bronn auf eine Ansammlung aufgebrachter „Spatzen", Anhängern einer religiösen Sekte, die die Dekadenz der Lennister-Könige geißeln (St. 2). Wieder zurück auf dem Marktplatz **Luža** (5), geht es weiter zum **Rektorenpalast** (9). In der Serie ist es der Palast des Gewürzkönigs in der Handelsmetropole Qarth (Tausende Meilen von Königsmund entfernt): Hier im Atrium

009du Abb.: nk

bittet Daenerys Targaryen den Gewürzkönig um Schiffe für die Weiterreise, was der jedoch von der Treppe herab arrogant ablehnt.

Von hier sind es nur wenige Schritte zur barocken Treppe, die vom Platz **Gundulićeva poljana** 11 hinauf zur **Kirche Sv. Ignacija** 15 führt. In der Serie ist es die Treppe, die die weltliche Stadt mit dem Heiligtum der Septe verbindet. Gleich mehrere Szenen spielen hier: Königin Cerseis stolzer Besuch beim Hohen Septon und ihr berühmter Gang der Buße, bei dem sie geschoren und nackt die Treppe hinunter und durch die Stadt geführt wird (St. 5). Letztere Szene war übrigens eine, die für größere Probleme sorgte, wollte man sie doch unbedingt auf der Hauptstraße Placa drehen und die nackte Cersei aus der Franziskanerkirche am Pile-Tor auf die Straße treten lassen. Da hatte das Filmteam die Rechnung aber ohne die frommen Dubrovniker gemacht, die eine solche Entweihung des Gotteshauses nicht zuließen. Am Ende wurden die Dreharbeiten auf die **barocke Treppe** und in die Gasse **Uz Jesuite** verlegt. Für vier Tage wurden benachbarte Gassen und Plätze gesperrt und rund 200 Sicherheitsleute passten auf, dass nicht heimlich fotografiert wurde (man hatte von der Purpurnen Hochzeit gelernt). Die Markt- und Geschäftsleute wurden für Verluste entschädigt und so wurde diese Szene mit 200.000 Dollar Kosten wohl eine der teuersten der Saga. Und: Natürlich hatte Lena Headey alias Cersei ein Körperdouble! Die Dubrovniker Statisten, die Cersei bei ihrem Bußgang beschimpfen mussten, brachten sich angeblich „in Rage", indem sie sich an die Belagerung 1991 durch die jugoslawische Armee erinnerten und der Königin entgegenschrien: „Wo wart ihr 1991?" – woraus im Film der Ruf „Schande!" wurde.

Die beiden letzten Drehorte liegen außerhalb der Altstadt: Vom **Alten Hafen** 7 führt eine kurze Überfahrt zur **Insel Lokrum** 28, die wie der Rektorenpalast für Spielszenen in Qarth genutzt wurde: Hier im **Kreuzgang und Garten** des Klosters wurde beispielsweise das Fest von Xaro Xhoan Daxos gedreht, bei dem Daenerys vom Zauberer Pyat Pree aufgefordert wird, das Haus der Unsterblichen zu besuchen.

Zum zweiten Drehort etwa 20 km nördlich, dem **Arboretum Trsteno** 34, verkehren regelmäßig Linienbusse. Der zauberhaft gelegene Botanische Garten spielt in der Serie im gesamten Komplex der Heirat König Joffreys mit Margery Tyrell und der erzwungenen Ehe zwischen Sansa Stark und Tyrion Lannister eine wichtige Rolle (St. 3/4): Hier treffen sich erstmals die ehemalige und die neue Braut König Joffreys, Sansa und Margery, zu einem freundschaftlichen Gespräch, hier spinnt Margerys Großmutter Lady Olenna ihre Intrigen. Trstenos **Hafen** unterhalb des Gartens kommt noch einmal in der fünften Staffel zu Ehren: als Trainingsplatz, an dem Bronn und Jamie Lannister ihre Schwertübungen abhalten.

› **GoT-Führungen:** Indira Stanić bietet neben anderen thematischen Führungen auf Deutsch eine 90-minütige Tour an, in der sie Serien-Fiktion und reale Geschichte Dubrovniks geschickt verknüpft (max. 25 Pers., 90 €). Indira Stanić, Tel. 098 704988, facebook: Tour Guide Dubrovnik Indira.

◁ Die Festung Lovrijenac 26 ist das sagenumwobene King's Landing aus „Game of Thrones"

Altstadt

Entlang der Placa (Stradun)

Auf dem Festland lebten die Slawen, südlich auf einer Felsinsel die aus Epidaurum geflüchtete, romanische Bevölkerung. Dazwischen lag ein Meeresarm, der zusehends verlandete und die beiden miteinander handelnden, sich aber zugleich misstrauisch beäugenden Bevölkerungsgruppen einander immer näher brachte. Und dann schaufelten sie im 11. Jh. den Meeresarm einfach zu und pflasterten ihn mit Marmorplatten. Diese *platea communis*, die „Gemeinsame Straße", wurde zum Symbol für das vereinigte Ragusa-Dubrava, seine *placa*, wie die Straße heute genannt wird. Man wandelt hier also auf historischem Boden! Den Venezianern ist der zweite Name zu „verdanken": *stradun*. Sie machten sich mit dieser Vergrößerungsform des Wortes *strada* (Straße) über die ihrer Meinung nach lächerlich breite Straße lustig. Da hatten sie aber nicht mit dem Dubrovniker Stolz gerechnet – Stradun ist heute der Name der Wahl, wenn man über die Straße spricht. In diesem Buch verwenden wir beide Namen.

EXTRATIPP

Sammelticket

Die meisten Einzelkarten wurden abgeschafft, viele Museen kann man nur noch mit einem Sammelticket (130 Kn) besuchen. Es ist in den Museen und Tourist-Infos (s. S. 115) erhältlich und gilt für folgende Adressen: den Rektorenpalast 9 (dafür gibt es auch ein Einzelticket für 100 Kn), das Maritime (s. S. 29) und das Naturkundliche Museum (s. S. 71), das Archäologische Museum im Fort Revelin (s. S. 38), das Ethnographische Museum Rupe 16, das Haus von Marin Držić (s. S. 71), das Studio Pulitika (s. S. 29) und die Kunstgalerie 29. Je nachdem was man unternehmen möchte, kann aber auch der Kauf der Dubrovnik Card (s. S. 114) mit ihren Vergünstigungen vorteilhafter sein.

1 Großer Onofrio-Brunnen (Velika Onofrijeva fontana) ★ [B2]

Während andere Adriastädte ihren Wasserbedarf mittels Zisternen deckten, ließ Dubrovnik eine **Wasserleitung** und **Brunnen** bauen. Gleich nach Betreten der Altstadt durch das Pile-Tor fällt die wuchtige, vieleckige Konstruktion des **Großen Onofrio-Brunnens** ins Auge. Aus 16 steinernen Speiern, *maškeron* genannt, plätschert das Wasser ins Becken. Benannt nach seinem Erbauer, dem aus Neapel stammenden Onofrio della Cava, bildete der 1438 in Dienst genommene Brunnen den Endpunkt einer damals hochmodernen und sich mehrmals verzweigenden Wasserleitung. Neben dem Großen gibt es am östlichen Ende der Placa (Stradun) auch noch einen **Kleinen Onofrio-Brunnen**, der den Markt versorgte. Er ist nicht mehr im Originalzustand. Das Erdbeben von 1667 und das jugoslawische Bombardement 1991 haben ihn beschädigt und der ursprüngliche Renaissanceschmuck (wahrscheinlich vom Bildhauer **Pietro di Martino** geschaffen) konnte nicht rekonstruiert werden. Weitere Brunnen legte della Cava u. a. im Franziskanerkloster und im jüdischen Ghetto an.

Beachtung verdient die zierliche Kirche **Sv. Spas (St. Salvator)** gegenüber dem Brunnen. Sie wurde vom Senat 1520 in Auftrag gegeben, als Dubrovnik ein Erdbeben nahezu ohne Schaden überstanden hatte. Da das folgenschwere Beben von 1667 diese Kirche verschonte, ist mit ihr eines der wenigen Zeugnisse der Renaissancearchitektur in Dubrovnik erhalten. Über dem Portal schmückt eine zarte Rosette die Fassade. Im leider meist verschlossenen Inneren zeigt sich das Gotteshaus mit Spitzbögen noch der Gotik verpflichtet. In den Sommermonaten finden in der Kirche Kammermusik-Konzerte statt.

2 Klarissinnenkloster (Samostan Sv. Klara) ★ [B2]

Der im 13. Jh. gegründete Konvent diente als **Waisenhaus.** Auch uneheliche Kinder, die die Mütter nicht behalten wollten oder konnten, wurden hier aufgenommen. Ein (heute zugemauertes) Fenster in der schmalen, von einem Bogen überwölbten ulica Garište diente als „Babyklappe". Das Kloster wurde wie alle anderen auch 1806 bei der Eroberung durch die Franzosen aufgehoben und diente dann als Pferdestall und Waffenkammer. Seit den 1950er-Jahren beherbergt es ein Restaurant, das sich heute Klarisa (s. S. 78) nennt.

3 Franziskanerkloster und -kirche (Franjevački samostan) ★★★ [C2]

Hinter den schmucklosen Mauern des Klosters verbergen sich ein zauberhafter Kreuzgang und ein interessantes Museum.

Das ab dem 14. Jh. in langer Bauzeit errichtete Kloster erlitt 1667 schwere Schäden. Von der imposanten **Franziskanerkirche** blieb nur Schutt – einzig das eindrucks-

☑ *Die Wasserleitung, die den Großen Onofrio-Brunnen speiste, war ein Meisterwerk der Ingenieurskunst*

028du Abb.: nk

volle Portal mit der Pietà im Tympanon blieb erhalten und wurde in den Neubau integriert. Steinmetze des 1498 angefertigten, von Elementen der Gotik wie der Renaissance durchdrungenen Portals waren die Dubrovniker Brüder Leonard und Petar Petrović – der Auftrag an die beiden ist noch in den Archiven erhalten. Das Innere der Kirche mit der Grabstätte des Dichters Ivan Gundulić wurde in prunkvollem Barock gestaltet.

Im angrenzenden **Kloster** sollte man sich Zeit nehmen für den eindrucksvollen spätromanischen **Kreuzgang** (14. Jh.) und den üppigen Garten, den er umschließt. Jedes Kapitell der zierlichen Doppelsäulen ist anders gearbeitet – Steinmetz war ein Meister Brajkov aus dem heute montenegrinischen Bar. Fabelwesen und Gesichter starren den Besucher von den Kapitellen an und im südlichen Teil ließ der Steinmetz Hände und Füße aus den Säulenbasen wachsen. In Verbindung mit dem sorgfältig gepflegten Garten zählt der Kreuzgang zu den schönsten Orten in Dubrovnik.

Bei einem Besuch im **Museum** kann man kostbare sakrale Objekte betrachten, darunter ein wunderbar gearbeitetes Prozessionskreuz von Meister Brajkov. Ein Gemälde hält die Ansicht Dubrovniks vor dem verheerenden Erdbeben im 17. Jh. fest. Den Höhepunkt bildet die **historische Apotheke**, die seit 1317 besteht und ihre heutige Ausstattung zu Beginn des 20. Jh. bekam. Ausgestellt sind medizinische Geräte, teils aus dem 15. Jh., und historische Bücher zur Naturmedizin. Ausstattung und Bestand der Apotheke wurden im sozialistischen Jugoslawien enteignet und erst nach der Unabhängigkeit Kroatiens erhielt der Orden Teile davon zurück. Neben dieser musealen existiert im Kloster auch eine **moderne Apotheke**, in der die Brüder unter anderem selbst hergestelltes Rosenöl und Rosensalbe verkaufen. Selbstverständlich führt man hier aber auch das ganz normale pharmazeutische Sortiment.

› Placa 2, https://malabraca.wixsite.com/pharmacy-museum, Tel. 321410, geöffnet: April–Okt. tägl. 9–18, Nov.–März tägl. 9–14 Uhr, Eintritt: 40 Kn

037du Abb.: nk

4 Placa (Stradun) ★★★ [C2]

Promenieren, Staunen, Shoppen – die Placa, die die Einheimischen aber meist Stradun nennen, ist Dubrovniks wichtigste Arterie und zugleich eine der elegantesten Einkaufsmeilen Kroatiens.

Die rund 300 Meter lange Placa verbindet das westliche Stadttor Pile 22 mit dem ehemaligen Marktplatz Luža 5 und dem dahinter befindlichen östlichen Tor Ploče 24. Die Straße verläuft auf dem im 11. Jh. **zugeschütteten Meeresarm** zwischen dem slawischen Dubrava und dem romanischen Ragusa. Nach dem Erdbeben 1667 verfügte der Senat eine neue, einheitliche Bebauung der Placa im Stil des **Barock**. Höhe, Breite und Fassadengliederung der Häuser waren genau vorgegeben. Im Erdgeschoss wurden Ladenräume untergebracht, um den Handel wiederzubeleben und auch heute reihen sich darin **Geschäfte, Cafés und Restaurants** aneinander. Bei festlichen Veranstaltungen wie der Silvesterfeier verwandelt sich die Placa in eine große Open-Air-Bühne. Auch Dubrovniks wichtigstes Kirchenfest, der Patronatstag des hl. Blasius am 3. Februar, wird mit einer feierlichen Prozession entlang der Placa begangen.

5 Luža ★★★ [D3]

An ihrem östlichen Ende weitet sich die Placa zu einem unregelmäßig geformten Platz, der Luža, benannt nach dem gleichnamigen Gebäude, in dem eine Glocke zu Ratsversammlungen rief. Hier wurde zu Zeiten der Stadtrepublik Markt gehalten.

Die Franziskanerkirche 3 markiert den Beginn der schnurgeraden Placa

KLEINE PAUSE

Leckeres Eis

An Cafés und Eisdielen herrscht entlang der Placa (Stradun) kein Mangel. Versuchen Sie doch einmal die Gelati bei GosSip, dessen eisblauer Laden schon von Weitem ins Auge sticht. Angeblich gibt es hier die größte Auswahl an Eissorten!

1 [D3] **GosSip,** Boškovićeva Ulica 1, im Sommer tägl. 9–3 Uhr, im Winter eingeschränkt

Augenfälliger Mittelpunkt des Luža-Platzes ist die 1418 aufgestellte **Rolandssäule (Orlandov stup)**, auf der die Flagge der Stadtrepublik Ragusa gehisst wurde. Die Säule selbst erinnert an den legendären Ritter und Paladin Karls des Großen, Roland, der im Mittelalter dabei geholfen haben soll, Dubrovnik vor den Sarazenen zu retten. Den im altfranzösischen Rolandslied verewigten Ritter hat Bildhauer Bonino aus Mailand hier mit seinem Wunderschwert Durandart dargestellt. Ursprünglich blickte Roland nach Osten, zum Ploče-Tor, doch nachdem ihn 1825 ein Sturm umgeworfen hatte, wurde er mit dem Gesicht nach Norden wieder aufgerichtet. Die Statue erfüllte noch einen ganz praktischen Zweck: Die Länge des Unterarms (51,20 cm) entsprach der geltenden Maßeinheit der Ragusaner Elle. Zwei Kerben im entsprechenden Abstand am Fuß der Säule erleichterten den Händlern das Vermessen der Ware.

Wesentlich zierlicher als sein großes Pendant 1 ist der 1438 errichtete **Kleine Onofrio-Brunnen (Mala Onofrijeva fontana)**, der den Markt mit Wasser versorgte. Auffälliger, weil höchster Bau des Platzes, ist aber der 31 m hohe **Uhrturm (Gradski zvonik).**

1444 wurde er erbaut und bei mehreren Erdbeben so schwer beschädigt, dass er sich in einen schiefen Turm zu verwandeln drohte. Sein heutiges Aussehen ist das Ergebnis einer Rekonstruktion von 1929. Geschmückt ist der Turm mit einer Uhr, deren Ziffernblatt auch die Mondphasen anzeigt. Michele di Giovanni aus Fiesolo, der bereits seit längerem in Ragusa als Metallgießer tätig war, übernahm 1478 den Guss der Glocke und wahrscheinlich kurz darauf auch den der beiden **Bronzefiguren**, die sie der damaligen Mode entsprechend schlagen sollten. Die beiden als römische Soldaten dargestellten Skulpturen wurden im Zuge der Renovierungsarbeiten durch Kopien ersetzt. Die Originale befinden sich im Museum des Rektorenpalastes ❾. Die über einem bogenförmigen Durchgang zwischen Uhrturm und Sponzapalast befindliche **Luža** schließlich stammt von 1463. In ihr wurde eine Glocke aufbewahrt, die den Rat der Stadt zu Versammlungen berief oder Alarm schlug, wenn es brannte oder sich Feinde näherten.

KURZ & KNAPP

Glockenmänner

Interessant ist, dass die **Ragusaner Glockenfiguren** rund 20 Jahre vor den beiden Glockenschlägern an Venedigs Torre dell Orologio installiert wurden. Ragusa hatte im 15. Jh. also die Nase vorn, was städtische Moden anging. Die Dubrovniker nennen die beiden Herren übrigens Maro und Baro oder aber einfach *zelenci*, die Grünen, nach der Patina, mit der sie überzogen sind.

❻ Sponzapalast (Palača sponza) ★★★ [D3]

Zierlich, elegant und einfach perfekt präsentiert sich das einstige Zollhaus in dem für Dubrovnik typischen Stilmix aus Gotik und Renaissance, der leider nur an wenigen Bauten das Erdbeben von 1667 überdauerte.

⌃ *Von unzähligen Schuhsohlen glattpoliert präsentiert sich der Luža-Platz*

Am Sponzapalast sind die Architekturstile Etage für Etage abzulesen. Die Arkaden im Erdgeschoss und die Spitzbogenfenster der ersten Etage sind **gotisch**, die Bögen der Arkaden und die Gestaltung der zweiten Etage sind beseelt vom klassischen Geist der **Renaissance.** Man muss sich die gesamte Bebauung der Placa vor dem Beben in diesem architektonischen Stilmix vorstellen.

In dem im 16. Jh. erbauten Palazzo drehte sich alles um **Handel und Geld:** Hier wurden die angelieferten Waren verzollt, hier wurde aber auch Geld geprägt. Der Palast war Sitz der Bank, der Schatzkammer und des Zeughauses. Zudem besaß er eine Zisterne, worauf der Name Sponza (eigentlich „Schwamm") hindeutet.

Als Motto der Handelsstadt mag die im Innenhof unter den Arkaden in Stein gemeißelte Inschrift gelten: „Fallere nostra vetant, et falli pondere: Meqve ponderc cum merces ponderat ipse deus" („Unsere Gewichte verhindern, dass wir betrügen oder betrogen werden. Und während ich die Waren wiege, wiegt mich Gott selbst").

031du Abb.: nk

Heute beherbergt der Palast das **Archiv Dubrovniks**, dessen Bestände bis ins 12. Jh. zurückreichen. Eine Auswahl repräsentativer Dokumente, darunter eine Gründungsurkunde der Stadt von 1358, ist in den Ausstellungsräumen rund um den Innenhof des Palastes zu besichtigen.

Der eindrucksvollste Raum ist der **jüngsten Geschichte** Dubrovniks gewidmet: Im Gedenkzimmer „Spomen soba poginulim braniteljima" erinnern Fotografien an die bei der Verteidigung Dubrovniks 1991/1992 gefallenen Kämpfer.

› Sv. Dominika 1, Luža, Gedenkzimmer geöffnet: Mai–Okt. tägl. 10–22, Nov.–April. tägl. 9–15 Uhr, Eintritt (nur im Sommer): 25 Kn

7 Alter Hafen (Stara luka) ★ [E3]

Kaum vorstellbar, dass von hier die Ragusaner Handelsschiffe in alle Weltgegenden starteten und dass hinter den sorgfältig zugemauerten Bögen des Arsenals an neuen, noch besseren und schnelleren Kriegsschiffen getüftelt und gebaut wurde. Heute teilen sich das beliebte **Café Gradska Kavana** (s. S. 84) und ein Restaurant die historischen Säle.

Angesichts der **beiden Festungen Revelin** 24 und **Sv. Ivan** 13, die den Hafen einrahmen, wird auch die Wehrhaftigkeit Ragusas deutlich. Im 15. Jh. erweiterte der damalige Festungsbaumeister Paskoje Miličević den Hafen mittels eines Wellenbrechers, der die Sicherheit vor Angriffen erhöhen, aber auch die durch südliche Winde aufgepeitschte See aufhalten sollte. Bis zum Bau dieses

Der Berg Srđ 30 überragt die Altstadt, hier die Straße Pred Dvorom mit dem Sponzapalast

KLEINE PAUSE

Cappuccino mit Aussicht

Auch wenn es sehr touristisch ist, das **Café Gradska Kavana** (s. S. 84) ist ein wunderbarer Ort für eine kurze Rast mit Blick auf den malerischen Hafen und die davor im Meer liegende Insel Lokrum.

Kaše genannten Wellenbrechers wurde der Hafen mittels einer schweren Kette gesichert, die man zwischen Sv. Ivan und dem Turm Sv. Luka am nördlichen Hafenbecken aufspannte. Übrigens findet in der Halle neben dem Arsenal jeden Vormittag ein kleiner **Fischmarkt** statt!

Die im 19. Jh. an Sv. Ivan angebaute Mole **Porporela** dient heute als Treffpunkt der Dubrovniker Jugend. Zum Sonnenuntergang kommen auch gerne Liebespaare hierher.

Rund um die Kirche Sv. Vlaho

8 Kirche des hl. Blasius (Crkva Sv. Vlaho) ★★ [D3]

Hier schlägt das religiöse Herz Dubrovniks, denn die Kirche ist dem hoch verehrten Sv. Vlaho geweiht, der die Stadt vor den Venezianern errettete und dafür zum Stadtpatron ernannt wurde.

Das Gotteshaus erhebt sich gegenüber dem Sponzapalast 6 und schließt die Placa (Stradun) 4 nach Süden ab. Augenfällig sind die stilistischen Unterschiede: Hier der eher strenge, sachliche Barock der Placa-Bebauung, dort die von einer Kuppel überwölbte **hochbarocke Fassade** der Kirche, die anstelle einer ebenfalls dem hl. Blasius gewidmeten, romanischen Vorgängerin errichtet wurde und 1715 ihre Weihe erhielt. Das Innere ist erstaunlich kompakt –

032du Abb.: nk

offensichtlich wollte man nicht allzu viel Platz verschwenden. Das kurze Kirchenschiff führt auf einen überreich dekorierten Altar zu, in dessen Zentrum eine gotische, **vergoldete Silberstatue** des Heiligen steht. Sie hat neben ihrer rituellen Bedeutung auch einen dokumentarischen Wert, denn in der Rechten hält sie ein **Modell Ragusas**, wie es vor dem Erdbeben ausgesehen hat. Geöffnet ist die Kirche meist am Vormittag, feste Zeiten gibt es nicht.

Zum **Patronatstag** am 3. Februar strömen Delegationen aller katholischen Gemeinden aus der Umgebung in Trachten gekleidet in die Altstadt. Der Bischof feiert auf dem Platz vor der Kirche eine Messe und zieht dann begleitet von den Gläubigen die Placa hinunter. Dabei wird ein kostbares Kopfreliquiar des Heiligen mitgeführt, das sonst in der Schatzkammer der Kathedrale 12 aufbewahrt wird. Das Fest hat eine Jahrhunderte alte Tradition. Zur Zeit der Stadtrepublik wurden an diesem Tag Gefangene freigelassen.

9 Rektorenpalast (Knežev dvor) ★★★ [D3]

Sowohl die Architektur – wie beim Sponzapalast eine gelungene Synthese von Gotik und Renaissance – als auch die Ausstellung im Rektorenpalast sind sehenswert. Vor Betreten des Palastes lohnt ein Blick auf die Fassade. Sie wirkt überaus harmonisch, wenngleich hier zwei Baustile – venezianische Gotik an den spitzbogigen Biforienfenstern, Renaissance an den Arkaden-Rundbögen – aufeinandertreffen.

◁ *Am Alten Hafen (s. S. 6) wurden Kriegsschiffe gebaut*

Kern des Palastes war eine mittelalterliche Festung, die im 13. Jh. erstmals erwähnt und wiederholt Opfer von Flammen, Erdbeben und der Explosion des in ihr gelagerten Schießpulvers wurde. 1435 beauftragte die Stadt **Onofrio della Cava**, der zugleich an Wasserleitung und Brunnen arbeitete, mit dem Neubau, den dieser im gotischen Stil ausführte. Der einstöckige Palazzo war im Erdgeschoss mit tiefen Arkaden versehen und besaß links und rechts zwei Wehrtürme. Die kunstvoll gearbeiteten Kapitelle verwiesen bereits in die Renaissance und stammten wahrscheinlich von **Pietro di Martino** aus Mailand, der etwa zur selben Zeit auch für die Gestaltung der beiden Onofrio-Brunnen verantwortlich war. Das Vergnügen währte nur kurz. 1463 zerstörte eine erneute Explosion des darin gelagerten Schießpulvers den Palast. Das u.a. durch den damaligen Festungsbaumeister Juraj Dalmatinac wieder aufgebaute Rektoratsgebäude fiel dann 1520 einem Erdbeben zum Opfer, die Rekonstruktion legten die Erdstöße 1667 in Schutt und Asche. Jedes Mal verfügte der Rat der Stadt einen Wiederaufbau im ursprünglichen Stil. Auf das Einlagern explosiver Stoffe wurde schließlich verzichtet, waren den fortwährenden Explosionen ja nicht nur die Mauern, sondern auch das jeweils amtierende Stadtoberhaupt, der Rektor, zum Opfer gefallen.

Durch die **Säulenhalle**, an deren Rückwand die Notablen bei öffentlichen Veranstaltungen auf steinernen Bänken Platz nehmen konnten, betritt man heute einen zauberhaften **Innenhof** mit einer Barocktreppe, die in die erste Etage führt. Um den Patio lagen die Gefängniszellen und ihnen gegenüber die Büros der öffentlichen

Der Dichter mit der großen Nase

Zwischen dem Café Gradska Kavana (s. S. 84) und dem Rektorenpalast ⑨ fällt vor dem Städtischen Theater ein Denkmal auf niedrigem Sockel auf. Darauf sitzt, von Kroatiens Meisterbildhauer Ivan Meštrović (1883–1962) genial gestaltet und mit einer imposanten Nase versehen, der ***Schriftsteller Marin Držić*** *(1508–1569). Der Spross einer armen Ragusaner Familie wurde notgedrungen zunächst Priester, bevor er bei einem Aufenthalt in Siena seine Liebe zum Theater und zur Literatur entdeckte. Zurück in Ragusa hatte er mit seinen Komödien bald Erfolg. Gerne thematisierte er die Gegensätze zwischen dem Ragusaner Adel und den einfachen Leuten, die er in seinen Stücken im Ragusaner Volksdialekt auftreten ließ. Aus den Archiven weiß man, dass der Dichter im Karneval 1548 seinen Durchbruch feierte. Dieser stand ganz im Zeichen einer von Držićs Komödien („Pomet"), die eine eigens dafür gegründete Theatergruppe regelmäßig vor dem Rektorenpalast aufführte. 1551 präsentierte Držić im Karneval sein berühmtestes Werk, „Dunđo Maroje", das im Gegensatz zu vielen anderen überliefert wurde, heute noch aufgeführt wird und das ganze Können dieses Renaissancedichters (und Zeitgenossen Shakespeares) zeigt.*

Seiner Biographie ist zu entnehmen, dass Držić häufig in ***Geldschwierigkeiten*** *und ebenso häufig in* ***Streit*** *und* ***Händel*** *verwickelt war. Sogar an Putschplänen gegen den Ragusaner Großen Rat soll er beteiligt gewesen sein. Sein konfliktfreudiges Wesen hat auch auf sein Denkmal abgefärbt – es sorgte für Streit. Ende der 1950er-Jahre bat die Stadt Dubrovnik den genialen Ivan Meštrović um ein Monument für ihren großen Sohn. Meštrović willigte ein und schenkte der Stadt eben jene* ***Bronzestatue.*** *Doch die Dubrovniker wussten nicht, wohin mit ihr, und stellten sie zunächst in der Kunstgalerie in Ploče aus. Der Hintergrund: Irgendjemandem war aufgefallen, dass die Stadtrepublik Ragusa prinzipiell niemandem ein Denkmal errichtet habe und dass dieses Prinzip weiterhin beachtet werden müsse. Doch so einfach machte es der bronzene Držić seinen Mitbürgern nicht. 1979 ging er erneut auf Wanderschaft und fand auf dem nach ihm benannten Platz in Babin Kuk eine neue Heimat – noch nicht in der Altstadt, aber doch immerhin einer größeren Öffentlichkeit zugänglich. Als das unter österreichisch-ungarischer Herrschaft errichtete Marin-Držić-Theater neben dem Rektorenpalast in Dubrovniks Altstadt 1986 renoviert wurde, zog Marin Držić ins Vestibül ein. Hier blieb er 20 Jahre. 2006 kam er trotz des historischen „Denkmalverbots" endlich richtig in der Altstadt und an seinem heutigen Standort Pred Dvorom an. Das Loch in der Skulptur stammt übrigens von einem Granatsplitter.*

034du Abb.: nk

Verwaltung. Den Hof schmückt die **Büste** für einen verdienten Mitbürger: 1638 wurde sie entgegen allen Gesetzen, die in Ragusa galten, hier aufgestellt. Sie zeigt den aus Lopud 37 stammenden Kaufmann und Reeder **Miho Pracat**, der die Stadt im 16. Jh. vor einer Katastrophe bewahrt haben soll, als sie von Piraten belagert wurde. Er schmuggelte sein mit Getreide beladenes Schiff durch die feindlichen Linien und rettete so die Ragusaner vor dem sicheren Hungertod. Tatsache ist, dass der schwerreiche Pracat stets bestrebt war, mit seinem Geld soziale und kirchliche Projekte zu unterstützen und Ragusa schließlich einen erheblichen Teil seines Vermögens vermachte. Des Weiteren sind hier in den Museumsräumen die Originale der beiden Glockenfiguren des Uhrturms (s. S. 19) aufgestellt.

In der **ersten Etage** befanden sich der Sitzungssaal des Kleinen Rates und die Wohnung des Rektors, der im Monatsturnus wechselte (s. Exkurs S. 26). Die Räume sind heute mit historischem Mobiliar und Gemälden ausgestattet und als **kulturgeschichtliches Museum** eingerichtet. Die sehenswerte Gemäldesammlung umfasst Werke des 15. bis 19. Jh., darunter zahlreiche Arbeiten Dubrovniker Maler des 15./16. Jh. wie Mihalj Hamzić und Lovro Dobričević. Nach umfänglicher Restaurierung ist hier auch ein Porträt des hl. Blasius (Sv. Vlaho) aus dem 15. Jh. zu sehen, der ein Modell Ragusas vor dem Erdbeben 1667 in Händen hält.

› Pred Dvorom 1, Tel. 321422, geöffnet: April–Okt. tägl. 9–18, Nov.–März tägl. 9–16 Uhr, Eintritt: 130 Kn (Museum-Sammelticket, s. S. 16), 100 Kn (nur Rektorenpalast)

Das Denkmal für Miho Pracat im Innenhof des Rektorenpalastes

⑩ Ronald-Brown-Gedenkhaus und Galerija Dulčić, Masle, Pulitika ★ [D3]

Die sehenswerte **Gemäldegalerie** mit Werken dreier Dubrovniker Künstler des 20. Jh. – **Ivo Dulčić** (1916–1975), **Antun Masle** (1919–1967) und **Đuro Pulitika** (1922–2006) – wurde in Gedenken an den US-Wirtschaftsminister Ronald Harmon Brown benannt. Mit weiteren 34 Passagieren kam dieser 1996 beim Absturz seiner Dienstmaschine südlich der Stadt ums Leben. In der sonst so geschichtslastigen Stadt sind die fröhlichen und farbenfrohen Werke der drei Maler eine interessante und spannende Abwechslung. Zudem hat man von den Galerieräumen einen fantastischen Blick auf die gegenüber liegende Kathedrale Mariä Himmelfahrt ⑫.

Die Aristokraten-Republik

*Wie die Konkurrentin Venedig war Ragusa ein streng aristokratisch organisiertes Staatswesen. Zwischen den **drei Gesellschaftsklassen,** Aristokraten, Bürgern und Plebejern, bestand keine Durchlässigkeit, Heiraten außerhalb der eigenen sozialen Gruppe waren verboten. Politisch aktiv waren nur die Aristokraten, wobei den Bürgern mindere Posten zugestanden wurden. Diese hierarchische, geschlossene Struktur stellte Ragusas Aristokraten über kurz oder lang vor massive Probleme. Der Kreis der Erlauchten, 1332 per Statut auf 26 Familien festgelegt, war nicht groß genug, um potenzielle Heiraten zwischen Verwandten auszuschließen. Nach dem Erdbeben 1667 wurden deshalb zehn neue Familien aufgenommen, doch das frische Blut konnte nicht verhindern, dass die immer gleichen Namen auftauchten, wenn es um die Besetzung politischer Posten ging. Eine statistische Auswertung der Ragusaner Archive ergab, dass zwischen 1440 und 1860 mehr als die Hälfte der in diesem Zeitraum gewählten 4397 Rektoren aus lediglich zehn Adelsfamilien stammte.*

*Die **Regierung bzw. Verwaltung der Stadtrepublik Ragusa** gliederte sich in drei Bereiche: Die **Exekutive** oblag dem elfköpfigen, jährlich neu gewählten Kleinen Rat (Consilium minus), die **Außenpolitik** dem Senat mit 45 auf ein Jahr bestimmten Mitgliedern (Consilium rogatorum) und die **Legislative** dem Großen Rat (Consilium maior), der Versammlung aller Adliger ab dem vollendeten 18. Lebensjahr. Der Große Rat wählte die Mitglieder des Senats, dieser wiederum jene des Kleinen Rats, und aus dessen Mitte wurde im monatlichen Wechsel der **Rektor** bestimmt, der innerhalb von zwei Jahren jeweils nur eine Amtszeit haben durfte.*

Obwohl die Aufgabe des Rektors vorrangig eine repräsentative war, stand seine Person als Symbol für den unbedingten Willen zur Unabhängigkeit der politischen Organe. Für die Dauer seiner Amtszeit musste er in der Wohnung im Rektorenpalast leben und durfte diese, abgesehen von hohen kirchlichen Festtagen, nicht verlassen. So wurde sichergestellt, dass niemand ihm etwas einflüstern oder ihn gar bestechen konnte. Jeden Morgen überreichte er der Stadtwache in einer feierlichen Zeremonie die Schlüssel für die beiden Stadttore im Osten und

› Poljana Marina Držića 1, Tel. 323172, www.ugdubrovnik.hr, geöffnet: Di–So 9–20 Uhr, Eintritt: 130 Kn (Museum-Sammelticket, s. S. 16)

11 Gundulićeva poljana ★★ [D3]

Vor allem vormittags, wenn **Markt** gehalten wird, bietet der Platz vor der Kathedrale 12 ein lebhaftes Bild. Benannt ist er nach dem Poeten **Ivan Gundulić**, dessen Denkmal ihn schmückt. Noch ein Verstoß gegen das Ragusaner Denkmalverbot? Ja, doch die Statue am Marktplatz haben nicht die Dubrovniker errichten lassen, sondern die österreichisch-ungarischen Fremdherrscher. 1892 wurde das von Ivan Rendić angefertigte Werk enthüllt. Zu Füßen des Ende des 16. Jh. geborenen Dichters bringen Bauern aus dem Konavle-Tal 40 jeden Morgen frisches Obst und Gemüse an die Dubrovniker Kundinnen und Kunden. Die Gundulićeva poljana ist zudem Standort einer weiteren Dubrovniker Institution: Im Lokal **Kamenice** (s. S. 78) gibt es angeblich die frischesten Muscheln und Austern der Stadt – täglich angeliefert aus Ston 35.

Typisch ist auch die Bebauung rund um die Kathedrale. Die hohen, barocken Häuser wurden nach dem Erdbeben errichtet, eine barocke Treppe führt ein Stück hügelaufwärts zur Jesuitenkirche 15.

Westen und erhielt sie abends nach Schließung der Tore wieder zurück.

Durch welches historische bzw. mythische Selbstverständnis sich die Ragusaner Stadtherren legitimiert sahen, bezeugen die auf den Säulenkapitellen der Loggia des Rektorenpalastes 9 abgebildeten Szenen: Eines zeigt Aeskulap, den griechischen Gott der Heilkunst, in einer Apotheke. Historiker deuten diese Darstellung als den Versuch der Ragusaner Stadtherren, ihre Herkunft vom antiken (griechischen) Epidauros, dem Geburtsort des Aeskulap, herzuleiten. Die Namensähnlichkeit mit der Ragusaner Vorgängersiedlung Epidaurum, dem heutigen Cavtat, hat den Stadtoberen diesen kleinen Trick offensichtlich erleichtert. Das Kapitell untermauert symbolisch die Bezugnahme auf den Geburtsort des Gottes.

Das zweite Kapitel zeigt König Salomon bei seinem Urteil, ein Hinweis auf die Weisheit, mit der die Stadt regiert wurde, und auf die christlichen Wurzeln ihrer Bewohner. Auf dem dritten Kapitell spricht der Rektor mit erhobenem Zeigefinger Recht – Symbol der Unabhängigkeit. Das Kapitell ist heute am Treppenaufgang zu finden.

KURZ & KNAPP

Taubenfutter

Weil die Dubrovniker nicht nur ums leibliche Wohl der Menschen, sondern auch um das der Tiere besorgt sind, lässt sich täglich um 12 Uhr auf der **Gundulićeva poljana** 11 ein alter Brauch beobachten. Ein städtischer Angestellter streut Mais für die Tauben aus. Für diesen Zweck stellt die Stadt jedes Jahr zehn Kilo Mais zur Verfügung – nicht ohne Hintergedanken: Je nach Bedarf mischt man dem Futter Antibiotika oder die Anti-Baby-Pille bei. Die Tauben sind entsprechend konditioniert und versammeln sich pünktlich zur Fütterung auf den umliegenden Hausdächern. Den Touristen bieten sich dabei hübsche Fotomotive.

12 Kathedrale Mariä Himmelfahrt (Katedrala Uznesenja Marijina) ★★ [D4]

Die imposante Barockfassade der Kathedrale führt in einen sehenswerten Kirchenraum. Das Highlight aber ist der opulente Kirchenschatz.

Das zu Beginn des 18. Jh. erbaute Gotteshaus steht an einem geschichtsträchtigen Ort, denn hier soll **König Richard Löwenherz** persönlich eine Kirche gestiftet haben, um für seine Errettung aus Seenot zu danken, in die er 1192 auf der Heimfahrt von seinem dritten Kreuzzug vor der Insel Lokrum geraten war. Tatsächlich wurden bei Arbeiten Fundamente eines sakralen Gebäudes und Katakomben entdeckt, die sogar noch älter sind und aus dem 7. Jh. stammen. Die lichte Kirche ist mit **zahlreichen barocken Altären** geschmückt, unter denen vor allem der aus Tizians Werkstatt stammende Flügelaltar Mariä Himmelfahrt (hinter dem Hauptaltar) Beachtung verdient.

035du Abb.: nk

Keinesfalls versäumen sollte man die Besichtigung des **Kirchenschatzes (Riznica)**, der trotz der Verluste durch das Erdbeben 1667 immer noch sehr eindrucksvoll den Wohlstand der Stadt repräsentiert. Unter anderem sind ein als byzantinische Kaiserkrone gearbeitetes Kopfreliquiar des hl. Blasius (11./12. Jh.), ein Arm- und ein Beinreliquiar des Stadtpatrons und wertvolle Gemälde zu sehen. Viele der Goldschmiedearbeiten stammen von Dubrovniker Kunsthandwerkern.

› Kneza Damjana Jude 1, geöffnet: April–Okt. Mo–Sa 9–17, So 11–17, Nov.–März Mo–Sa 10–12, 15–17, So 11–12, 15–17 Uhr, Eintritt (Schatzkammer): 20 Kn

13 Fort Sv. Ivan (Tvrđava Sv. Ivan) ★ [E4]

Wo, wenn nicht in dieser wehrhaften Festung am Alten Hafen 7, sollte Dubrovnik seine maritimen Schätze zeigen? Im Erdgeschoss präsentiert sich die Unterwasserwelt, darüber tauchen Besucher in die Geschichte der Seefahrt ein und ein Raum erinnert an einen bekannten Dubrovniker Künstler.

Der im 14. Jh. erbauten und im 15. Jh. durch Paskoje Miličević erweiterten Festung kam die wichtige Aufgabe zu, **den Hafen zu schützen.** Die zur See hin gerundeten, zum Hafen senkrecht aufsteigenden Wände des Forts sind von zahllosen Schießscharten durchlöchert. Die zusätzlich angebaute Mole brach nicht nur die Brandung, sondern stoppte auch An-

‹ Dubrovniks Kathedrale präsentiert sich in prunkvollem Barock

greifer, die umständlich um das Hindernis herum in den Hafen manövrieren mussten. Eine Eisenkette zwischen Sv. Ivan und dem gegenüber liegenden Turm Sv. Luka versperrte den Hafen zusätzlich.

Im Erdgeschoss der Festung zeigt das **Aquarium (Akvarij)** in rund 20 Becken die Unterwasserflora und -fauna des Mittelmeers. Der Besuch macht besonders Kindern Freude. Zudem ist es in den Räumen angenehm kühl, und man gewinnt einen Eindruck vom Inneren eines Bollwerks. In der Etage darüber widmet sich das **Maritime Museum (Pomorski muzej)** der Geschichte der Ragusaner Seefahrt. Historische Modelle, Karten und Dokumente lassen die einst so bedeutende Flotte wiederauferstehen.

Ein Ausstellungsbereich des Forts dient als Erinnerungsort für den Dubrovniker Maler **Đuro Pulitika** (1922–2006), der einen Großteil seiner Werke der Kunstgalerie ㉙ vermachte. Von 1962 bis zu seinem Tod arbeitete er in diesem Raum in Sv. Ivan. Seine expressionistischen Gemälde sind wie in einem Atelier arrangiert, viele noch in halbfertigem Zustand.

› **Aquarium,** www.imp-du.com, geöffnet: Juli/Aug. tägl. 9–20, Nov.–März Di–So 10–16, April tägl. 9–17, 1.–15. Mai/Oktober tägl. 9–18, 15. Mai–30. Juni/Sept. tägl. 9–19 Uhr, Eintritt: 60 Kn
› **Maritimes Museum,** geöffnet: 15. Juni–15. Sept. Di–So 9–20, 3. Nov.–21. März Di–So 9–16, 22.–14. Juni/16. Sept.–2. Nov. 9–18 Uhr, Eintritt: 130 Kn (Museum-Sammelticket, s. S. 16)
› **Studio Pulitika,** Di–So 9–20, im Winter 9–15 Uhr, Eintritt: 130 Kn (Museum-Sammelticket, s. S. 16)

⑭ Pustijerna ★ [E4]

Der von Neubauten des 17./18. Jh. weitgehend verschonte Stadtteil hinter dem Fort Sv. Ivan ⑬ stellt nach Ansicht der Archäologen die erste Stadterweiterung des jungen Ragusa dar.

Die schmalen, teils überwölbten Gassen Pustijernas in der Altstadt von Dubrovnik wirken wie aus einer anderen Zeit und Ausgrabungen haben die These untermauert. Um das 10. Jh. erfolgte hier die erste Ausdehnung der Stadt über ihre damalige Stadtmauer hinaus, die wohl den Bereich des heutigen Rektorenpalastes ⑨ und der Gundulićeva poljana ⑪ umschloss.

Pustijerna, der Name für den neuen Stadtteil, leitet sich vom Lateinischen *post terra* („außerhalb der

036du Abb.: nk

☒ *Eine der überdachten Gassen von Pustijerna*

Stadt") ab. Eine Siedlung scheint es jedoch bereits davor gegeben zu haben: Grabungen in der 1667 zerstörten Kirche Sv. Stjepan brachten Fundamente eines **vorromanischen Gotteshauses** zutage, das spätestens im 8. Jh. hier gestanden haben muss.

Einige schöne Palazzi Pustijernas haben das große Beben relativ unbeschadet überstanden, so der im 15. Jh. erbaute **Ranjina-Palast** (Ulica Braća Andrijića) und der Renaissancepalast **Skočibuha** (Restićeva 10) aus dem 16. Jh. Der Besitzer des Palastes stammte übrigens aus der Schicht der Plebejer (s. S. 26) und brachte es dennoch als geschickter Kapitän zu großem Vermögen. Zwei Sommervillen, eine im Dubrovniker Stadtteil Bonino, die andere auf der Insel Šipan 38, belegen neben diesem Palast eindrucksvoll den Wohlstand der Familie.

Bei einem **Bummel** durch die atmosphärischen Gassen Pustijernas lassen sich an den Hausfassaden noch viele interessante Entdeckungen wie alte Familienwappen machen.

Südlich der Placa (Stradun)

15 Kirche St. Ignatius (Crkva Sv. Ignacija) ★ [C4]

Stolzer Barock prägt die Kirche der Jesuiten, zu der von der Gundulićeva poljana 11 eine ebenfalls **barocke Treppe** hinaufführt – die Spanische Treppe von Rom ist als Vorbild unverkennbar. Baumeister der Kirche war der Römer **Andrea Pozzo**, für die Fresken im Inneren, darunter die illusionistische Ausmalung der Kuppel, zeichnete zwischen 1735 und 1737 der Sizilianer **Gaetano Garcia** verantwortlich.

Lange Zeit wurde um den Grund und Boden für das Gotteshaus und das angrenzende **Lehrinstitut** Collegium Ragusinum gestritten, doch schließlich wurde er den Jesuiten zugesprochen – nicht zuletzt, weil die Ragusaner Patrizier sich vom Collegium der Patres eine bessere Ausbildung ihrer Kinder erhofften. Aus dieser Schule ging letztendlich die Universität von Dubrovnik hervor. Heute beherbergt der barocke Bau ein Gymnasium.

> KLEINE PAUSE
>
> **Marenda mit Aussicht**
>
> Die Tische des **Restaurants Kopun** (s. S. 79) schräg gegenüber der Kirche St. Ignatius 15 sind ein wunderbarer Ruhepunkt mit Blick auf das Treiben auf dem Platz. Mittags gibt es günstige Menüangebote.

16 Ethnographisches Museum Rupe (Etnografski muzej Rupe) ★★ [B3]

In dem mächtigen **Getreidespeicher** aus dem 15. Jh. ist die volkskundliche Sammlung zu Dubrovnik und seiner Region ausgestellt. Seinen Namen verdankt der Speicher den unter dem Bau in den Uferfels gegrabenen Kavernen, in denen die Getreidevorräte untergebracht wurden. 150 Wagenladungen Getreide pro Kaverne konnten hier gelagert werden. Durch Löcher *(rupe)* wurden die Lagerstätten aufgefüllt.

Im **ersten Stock** präsentiert die Ausstellung vor allem landwirtschaftliches Gerät und Werkzeuge, mit denen die Bauern im Konavle-Tal 40 die Böden bearbeiteten. Die **zweite Etage** widmet sich Kleidung, Schmuck und Musikinstrumenten.

› Od Rupa 3, Tel. 323018, www.dumus.hr, geöffnet: 15. Juni–15. Sept. Mi–Mo 9–20, sonst 9–16 Uhr, Eintritt: 130 Kn (Museum-Sammelticket, s. S. 16)

17 Ikonenmuseum (Zbirka ikona) ★ [C3]

Wer sich nicht für die kostbaren **Ikonen der serbisch-orthodoxen Kirche** aus dem 15. bis 19. Jh. interessiert, mag aber vielleicht die Gelegenheit ergreifen, einen **historischen Adelspalast aus dem 16. Jh.** zu besichtigen. Er gehörte der Familie Bonda, einer der Familien, die zur ursprünglichen aristokratischen Schicht Ragusas gezählt wurden. Neben dem Museum erhebt sich die im 19. Jh. erbaute serbisch-orthodoxe Kirche.

› Od Puča 8, Tel. 323283, geöffnet: Mai–Nov. Mo–Sa 9–14, Dez.–April Mo–Fr 9–14 Uhr, Eintritt: 20 Kn

Nördlich der Placa (Stradun)

18 Dominikanerkloster (Dominikanski samostan) ★★★ [E2]

Kloster oder Teil der städtischen Verteidigungsanlage? Der Dominikanerkonvent ist beides. In Konkurrenz zu den Franziskanern 3 am Pile-Tor wählten die Dominikaner den zweiten Stadteingang, das östliche Ploče-Tor 24, als Standort ihres Klosters.

Im Gegensatz zu den Franziskanern, die sich innerhalb der Stadtmauern befinden, wurde das Dominikanerkloster zwischen dem inneren Wall – hier repräsentiert durch Uhrturm und Luža – und der äußeren Bastion Fort Revelin 24 errichtet. 1225 gegründet, wurde es erst im 16. Jh. vollendet. Von außen wirkt es seiner Lage entsprechend **streng** und **wehrhaft.** Nur das Südportal zeigt romanischen und gotischen Schmuck.

Bezaubernd ist der im 15. Jh. im Ragusaner Mischstil zwischen Gotik und Renaissance angelegte **Kreuzgang** – Architekt war ein Florentiner, Ragusaner Steinmetze setzten seine Pläne um. Den Mittelpunkt der mit Palmen und Orangenbäumchen bepflanzten Anlage bildet ein zierlicher Brunnen. Vom Kreuzgang gelangt man in die ursprünglich gotische, heute barock ausgestaltete **Kirche,** deren auffälligstes Ausstattungsstück ein 1394 gemaltes Kruzifix bildet, an dem byzantinischer Einfluss erkennbar ist.

Sehenswert ist auch das **Museum** des Klosters, das kostbare Gemälde Ragusaner Maler des 15. und 16. Jh. hütet. Darunter sind ein wunderbares Polyptychon der Taufe Christi aus

KURZ & KNAPP

Züchtige Treppe

Die hübsche Treppe, die seitlich an der Kirche zum Klostereingang hinaufführt, zeigt eine Besonderheit: Der Raum zwischen den zierlichen Säulen, die das Geländer tragen, ist bis zur Hälfte zugemauert. Warum? Nun, damit die unten Stehenden den treppauf gehenden Damen nicht unter den Rock sehen konnten!

EXTRATIPP

Die Brunnengasse

Parallel zur Placa (Stradun) 4 verläuft die Gasse **Od Puča** [C/D3], die „Gasse der Brunnen“. Ihren Namen verdankt sie der Tatsache, dass die Bewohner der ursprünglichen Siedlung, die sich zwischen Küstenfelsen und der heutigen Ulica Strossmayera erstreckte, in den hier gegrabenen Brunnen ihr Wasser holten. Lange trotzte die Od Puča dem touristischen Vermarktungstrend. Sie war eine der letzten Gassen, in denen man noch ganz normale Geschäfte finden konnte. Heute wird auch sie von Souvenirshops gesäumt.

dem Jahr 1448 von Lovro Dobričević, das anrührende „Mariä Verkündigung“ von Nikola Božidarević (1513) und das berühmte Triptychon desselben Malers, auf dem der hl. Blasius ein Modell der Stadt in Händen hält und dem wir die einzige Darstellung Ragusas vor dem großen Beben verdanken (Anfang 16. Jh). Des Weiteren sind ein Gemälde der hl. Magdalena mit dem hl. Blasius aus der Werkstatt Tizians sowie zahlreiche Reliquiare ausgestellt. Die **Klosterbibliothek** mit mehr als 200 Inkunabeln besitzt außerordentlichen Wert.

› Svetog Dominika 4, Tel. 321423, geöffnet: im Sommer tägl. 9–18, im Winter tägl. 8.30–16.30 Uhr, Eintritt: 30 Kn

Der Kreuzgang des Dominikanerklosters ist eine Oase der Stille

19 Synagoge (Sinagoga) und ulica Žudioska ★★ [D2]

Der unscheinbare Bau in der schmalen „Judengasse“ bildete seit 1408 den Mittelpunkt des Ghettos von Ragusa, das in der Blütezeit wohl um 300 Bewohner hatte. Heute leben noch knapp 30 Menschen jüdischen Glaubens in der Stadt.

Jüdische Stadtbewohner gab es wahrscheinlich bereits im 13. Jh., doch erst mit der Reconquista, bei der Spanien und Portugal Ende des 15. Jh. die von Mauren besetzten Teile der Iberischen Halbinsel zurückeroberten und dabei auch alle Juden vertrieben, wuchs die Gemeinde so an, dass der Rat der Stadt ihr Wohnrecht in einem Ghetto zubilligte. Dieses, die heutige **ulica Žudioska**, war zur Placa (Stradun) hin mit einem Tor verschlossen und endete in nördlicher Richtung an der Stadtmauer. Die Neubürger waren vor allem im Handel mit Gewürzen und Stoffen tätig oder arbeiteten als Handwerker.

Das **Bethaus** im ersten Stock des schmalen Hauses mit der Nummer 5 zählt zu den ältesten, noch genutzten sephardischen Synagogen Europas. Da es sowohl beim großen Beben 1667 als auch im Zweiten Weltkrieg und beim Beschuss durch die serbisch-montenegrinische Belagerer schwer beschädigt wurde, besteht die Ausstattung aus einer Mischung unterschiedlicher Stilformen. Historische Dokumente und Fotografien beleuchten die Geschichte der Gemeinde, die 1941 durch die italienische Besetzung und die darauffolgende Beherrschung durch das faschistische Regime des „Unabhängigen Kroatiens" die meisten Mitglieder in Konzentrationslagern auf der Insel Rab bzw. auf dem mitteleuropäischen Festland verlor.

› Žudioska 5, Tel. 321204, geöffnet: Mai–Okt. tägl. 10–20, Nov.–April Mo–Fr 9–15 Uhr, Eintritt: 50 Kn

20 Prijeko-Gasse (ulica Prijeko) und das Viertel nördlich der Placa ★★★ [D2]

Eigentlich mag man in die Prijeko-Gasse gar nicht hineingehen, Restaurant reiht sich hier an Restaurant und die Kellner werden nicht müde, Passanten zur Einkehr zu bewegen. Man muss also bereit sein, einen Spießrutenlauf zu absolvieren, wenn man diese eigenwillige Gasse kennenlernen möchte.

Parallel zur Placa (Stradun) verlaufend, durchquert die Prijeko den nördlichen Stadtteil Dubrovniks, also ursprünglich die slawisch-kroatische Siedlung auf dem Festland. Sie steigt von der Placa teils über Treppen relativ steil zu der nördlichen Stadtmauer an. Auch hier waren die Zerstörungen durch das große Beben immens und ein Großteil der Häuser wurde im modernen, barocken Stil neu errichtet. Fast alle besitzen einen **hübschen Innenhof**, einige interessanten **Fassadenschmuck** (so Nr. 12, 13 u. 14). Wenn man eines der Restaurants betritt, kann man mit etwas Glück einen der Innenhöfe sehen. Übrigens gibt es in der Gasse trotz allen Rummels drei wirklich **empfehlenswerte Restaurants:** das Rozario (s. S. 80) gleich neben der Nikolauskirche, das

☐ *Mit Grünpflanzen verschönern die Dubrovniker die Hausfassaden*

038du Abb.: nk

Wanda (s. S. 80) eine Querstraße weiter und ganz im Westen das Nishta (s. S. 83), Dubrovniks empfehlenswerte Adresse für Vegetarier und Veganer.

Unmittelbar hinter dem Sponzapalast 6 steht mit der **Kirche des hl. Nikolaus** (Sv. Nikola) eines der ältesten Gotteshäuser der Stadt. Im 10. oder 11. Jh. erbaut, erhielt sie im 16. Jh. ihre Renaissancefassade mit der hübschen Rosette. Geweiht ist sie dem Patron der Fischer und Seeleute. Im Inneren ist ein schönes romanisches Madonnenrelief erhalten – doch leider ist die Kirche fast immer geschlossen.

EXTRATIPP

Prijeko Palace

Ecke Riejeko/Palmotićeva ulica ist ein wahres Juwel zu bestaunen: der renovierte **Palast Isusović Braichi** aus dem Jahr 1470–75. Unter der Führung kroatischer Denkmalschutz-Koryphäen hat ein niederländisches Unternehmerpaar (mit Sitz im schweizerischen Ascona) rund fünf Millionen Euro investiert und das Eckhaus aufwendig restaurieren lassen. Balkone, Tri- und Quadriforienfenster, Skulpturenschmuck wie der Wasserspeier in Form eines *maškeron* – alles wurde nach historischen Vorbildern rekonstruiert. Ergänzende Steinmetzarbeiten wurden aus dem kostbaren weißen Marmor von der Insel Brač angefertigt, die Fassade mit Sandstrahlern gereinigt. Die Eigentümer haben den aufwendig rekonstruierten Palast in ein Luxushotel umgewandelt, dessen Zimmer Künstler individuell ausgestaltet haben.

•2 [C2] **Prijeko Palace,** Prijeko 22, Tel. 321145, www.prijekopalace.com

Am westlichen Ende, auf der Höhe der Gasse Od Sigurata, befindet sich die im Kern romanische **Sigurata-Kirche** (Crkvica Sigurata) der Franziskaner-Schulschwestern. Das ursprünglich einschiffige Gotteshaus mit überkuppeltem Chor stammt aus dem 10./11. Jh. und erhielt im 17. Jh. seine beiden Seitenschiffe. Bei der Renovierung nach den Kriegsschäden 1991/1992 versuchten die Restauratoren, den ursprünglichen Zustand wiederherzustellen. Dabei wurden Mauern entdeckt, die auf einen spätantiken Vorgängerbau aus dem 6. Jh. verweisen. Hübsch ist der schlichte Altar mit einer Ikone der schwarzen Madonna. Die Franziskanerinnen unterhalten in ihrem Konvent nebenan ein kleines **Museum** mit einigen bescheidenen sakralen Schätzen, das jedoch nur auf Anfrage geöffnet wird.

› **Crkvica Sigurata,** zwischen ulica Prijeko, ulica Od Sigurate und ulica Celestin Medović, Tel. 321467, geöffnet: im Sommer tägl. 10–12, 16–18 Uhr, im Winter nach Voranmeldung, Eintritt: 20 Kn

21 War Photo Limited ★★ [C2]

Dass eine Galerie wie diese in Dubrovnik ihre Ausstellungen zeigt, ist den Folgen des Jugoslawienkriegs 1991/1992 geschuldet. Was könnte ein besserer Ort für die Auseinandersetzung mit den grausamen Folgen von Kriegshandlungen sein als diese Stadt, die neun Monate Belagerung und Beschuss überstehen musste. War Photo Limited zeigt **Kriegsfotografien bekannter Fotografen,** die zu thematischen Ausstellungen zusammengefasst werden.

› Antuninska 6, Tel. 098 367467, www.warphotoltd.com, geöffnet: Mai–Sept. tägl. 10–22, April/Okt. Mi–Mo 10–16 Uhr, sonst geschlossen., Eintritt: 50 Kn

Auf der Stadtmauer

1940 m Länge, fünf Festungen, 16 Türme und Bastionen: Dubrovniks Stadtmauer zählt zu den am besten erhaltenen Festungswerken Europas. Bereits im 9. Jh. war die Niederlassung auf der damaligen Insel so gut befestigt, dass die Sarazenen nach langer Belagerung unverrichteter Dinge abziehen mussten. Mit der Eingemeindung immer neuer Vororte wuchs auch der Wall, bis er im 14. Jh. den Bereich der heutigen Altstadt umschloss. Im 15. Jh. – Ragusa hatte sich von der venezianischen Vorherrschaft befreit und musste den Osmanen trotzen – gab der Rat der Stadt einen umfassenden Ausbau des Bollwerks in Auftrag. Die berühmtesten Baumeister des 15. und 16. Jh. arbeiteten daran, darunter Juraj Dalmatinac aus Zadar, Michelozzo Michelozzi aus Florenz und der Ragusaner Paskoje Miličević. Bestückt war der Wall mit 120 Kanonen aus der Werkstatt von Ivan Rabljanin, dessen Ruf als Metallgießer sich im ganzen Mittelmeerraum verbreitete.

22 Pile-Tor (Vrata od Pila) ★★★ [B2]

Der hl. Blasius (Sv. Vlaho) wacht über den **westlichen Eingang zur Stadt** und die Brücke, die hier den breiten Wassergraben zum Teil überspannt – das letzte Stück ist durch eine hölzerne Zugbrücke gesichert. In seinen Händen hält der **Stadtpatron** jenes berühmte Modell, das Ragusa vor dem Beben von 1667 zeigt.

Nach links schauend sieht man den mächtigen **Rundturm Minčeta** 25, der eindrucksvoll zum Ausdruck bringt, dass man in Ragusa die Gefahr, von der Landseite angegriffen zu werden, viel höher schätzte, als eine Gefahr von der Seeseite aus.

Besichtigung der Stadtmauer

Es gibt **drei Zugänge** zur Stadtmauer: Einer befindet sich unmittelbar nach Durchquerung des Pile-Tors 22 links, der zweite im Osten unweit der Kirche St. Lukas, der dritte an der Festung Sv. Ivan 13. Die knapp 2 km lange, rund eineinhalbstündige Tour rund um die Stadt sollte man im Sommer möglichst früh oder am späten Nachmittag unternehmen, denn es gibt **keinen Schatten.** Der Rundweg verläuft von Pile aus entgegen dem Uhrzeigersinn. Eine Toilette und einen Kiosk mit Erfrischungsgetränken findet man etwa auf halbem Weg auf den Bastionen Sv. Stjepan und Sv. Spasitel.

› http://citywallsdubrovnik.hr, geöffnet: April/Mai/Sept. 8–18/18.30, Juni/Juli 8–19.30, Aug. 8–19, Okt. 8–17.30, Nov.–März 9–15 Uhr, Eintritt: 200 Kn

Auch die Mauern bestätigen dies. Im westlichen Abschnitt erreichen sie eine Dicke von 4 bis 6 Metern, zum Meer hin sind es 1,5 bis 3 Meter. Pile besteht aus einem **äußeren Tor** im Stil der Renaissance (1527) und einem älteren **inneren Tor** in gotischer Architektur, auf das eine weitere Statue des Sv. Vlaho, diesmal aus der Hand des kroatischen Bildhauers Ivan Meštrović, ein Auge hat.

Das Stadttor wurde früher ebenso wie sein Pendant im Osten, das Ploče-Tor 24, abends in einer feierlichen Zeremonie verschlossen. Die beiden Schlüssel wurden dem Rektor übergeben. In den Sommermonaten sorgen heute historisch kostümierte Wachen am Pile-Tor für Lokalkolorit. Von Pile nach Süden gehend

039du Abb.: nk

überquert man die Placa (Stradun), läuft oberhalb des ehemaligen Klarissinnenklosters entlang und erreicht schließlich die Festung Bokar. Über der Placa bietet sich eine reizvolle Fotoperspektive auf die Altstadt.

23 Von der Feste Bokar bis Sv. Ivan ★★★ [B3]

Das folgende Teilstück verläuft auf steilen Felsen über dem Meer und wurde seit dem 15. Jh. kaum erweitert oder verstärkt. Die **Festung Bokar (Tvrđava Bokar)** errichtete 1461 bis 1463 der berühmte Florentiner Festungsbaumeister Michelozzo Michelozzi. Sie sicherte zusammen mit Fort Lovrijenac 26 von Land und Meer her die Südwestecke der Stadt und den Zugang zum Pile-Tor. Michelozzi legte Bokar als zweistöckige Kasematte an, deren zylinderförmiger Körper weit aus dem Verbund der Stadtmauer hervorragt. Übrigens ist der Blick von hier auf Lovrijenac besonders malerisch und „Game of Thrones"-Fans werden am Fuß der Festung jene Stelle wiedererkennen, die in der Saga „Königsmund" (s. S. 13) heißt.

Hoch über dem Meer geht es nun nach Südwesten zum nächsten Festungsbauwerk, **Mrtvo zvono**, dessen Plan von Paskoje Miličević stammt. Im 16. Jh. wurde damit die durch Bokar und Sv. Ivan verteidigte Seeseite der Stadt verstärkt. Mrtvo zvono ist Dubrovniks Bollwerk mit den meisten Schießscharten – für angreifende Schiffe wurde es hier richtig ungemütlich. Den seltsamen Namen „Totenglocke" verdankt es allerdings nicht dem Schicksal, das Feinden bereitet wurde, sondern dem Kirchlein Sv. Petar etwas unterhalb, dessen Glocke als Totenglocke geläutet wurde. Von Mrtvo zvono überblickt man einen der ältesten Teile der Stadt bis zum ehemaligen Getreidespei-

Der hl. Vlaho begrüßt Ankommende am Pile-Tor 22

EXTRATIPPS

Steinerne Köpfe

Unterhalb des äußeren hl. Blasius am Pile-Tor 22 sieht man eine Konsole mit **drei steinernen Köpfen im Halbrelief** – zwei Frauen und ein bärtiger Mann. Angeblich bezieht sich dieser Torschmuck auf eine Legende, die von allerlei Liebeshändeln zwischen den Klarissinnen (Kloster Sv. Klara 2) und den Franziskanern 3 erzählt.

Runter von der Mauer

Abseiling von der Stadtmauer unweit des Pile-Tors 22 ist der Renner: Erfahrene Instrukteure sorgen dafür, dass die Gurte sicher sitzen und keiner in Panik gerät. Dann geht es senkrecht in die Tiefe. Zu buchen bei www.adventuredalmatia.com.

Die Erbauer der Dubrovniker Stadtmauer

Die drei prominenten Namen unter einer schier unübersehbaren Zahl von Baumeistern, die an den Stadtmauern Ragusas gearbeitet haben, tauchen nicht nur in Dubrovniker Bauprojekten immer wieder auf. ***Michelozzo Michelozzi*** *(1396–1472) aus Florenz war von den Medici gefördert berühmt geworden und verbrachte ab 1462 zwei Jahre in Ragusa. In dieser Zeit plante er den Ausbau der Festungswälle und erweiterte das Pile-Tor.*

Warum sein Engagement so kurz währte, ist nicht überliefert. Als Nachfolger wurde 1464 Giorgio di Sebenico, kroatisch ***Juraj Dalmatinac*** *(1410–1475), zum städtischen Baumeister berufen. Dalmatinac hatte zuvor mehrere spektakuläre Arbeiten in Split, Šibenik, auf der Insel Pag und in Venedig abgeliefert und versuchte nun, Michelozzis Pläne umzusetzen. Unter seiner Ägide entstand u. A. die Festung Minčeta* 25 *und er entwarf die Renaissancearkaden des Rektorenpalastes* 9*. Als Dubrovnik 1465 von einer Pestepidemie getroffen wurde, verließ Dalmatinac die Stadt.* ***Paskoje Miličević*** *(ca. 1440–1516), von unbekannter Herkunft, aber in Ragusa zu Ansehen gekommen, übernahm schließlich die Umsetzung aller noch ausstehenden Baumaßnahmen, so die Festung Mrtvo zvono, die Steinbrücken vor dem Pile- und dem Ploče-Tor, den Wellenbrecher und die Bastion unter dem Turm Sv. Luka im Alten Hafen* 7*.*

cher Rupe 16, der die Altstadthäuser herrisch überragt. Übrigens hat der Beschuss 1991/1992 auch hier im Süden der Altstadt zahlreiche Gebäude beschädigt. Wo Mauern und vor allem Dächer ausgebessert werden mussten, erkennt man an den dunkleren (neuen) Ziegeln. Prominentes Opfer war die Jesuitenkirche St. Ignatius 15. Auf den Uferfelsen außerhalb der Mauer breitet sich, etwa an der Einmündung der Crijevićeva ulica, die beliebte Bar **Buža II** (s. S. 85) aus.

Im weiteren Verlauf nach Osten läuft man am Viertel **Pustijerna** 14 entlang, der ersten Stadterweiterung Ragusas vom damaligen Kern um den Rektorenpalast (damals Kastell) und den heutigen Platz Bunićeva poljana aus. Deutlich ist die Ausgrabungsstätte im westlichen Bereich Pustijernas zu erkennen, wo Fundamente aus dem 8. Jh. freigelegt wurden.

An der Einmündung der Ilije Sarake steht man oberhalb des Cafés **Buža I** (s. S. 85). Sitzkissen, Sonnenschirme und Tischchen sind auf den Uferfelsen verteilt, die Stimmung ist lässig und entspannt, der Blick grandios. Ein Tor in der Stadtmauer führt zum Café.

Den Abschluss des Südwalls bildet das **Fort Sv. Ivan** 13. Dahinter befindet sich der **Alte Hafen** 7, auf den man von den Mauern einen herrlichen Blick genießt. Im Hintergrund liegt die Insel Lokrum 28. Im Verteidigungssystem bildete der Hafen eine Schwachstelle, den gleich zwei Tore, das Ponte-Tor (Vrata od ponte, 1476) und das Fischmarkt-Tor (Vrata od ribarnice, 1381), westlich und östlich des Arsenals, boten von hier Zugang zur Stadt. Nicht zuletzt deshalb war das Verteidigungssystem um den Hafen mit zwei Festungen und dem Sv.-Luka-Turm besonders ausgeprägt.

24 Ploče-Tor (Vrata od Ploča) und Festung Revelin (Trvđava Revelin) ★★★ [E2]

Eine zweibogige Brücke, ein Werk von Paskoje Miličević, überspannt wie am Pile-Tor 22 den Wassergraben vor dem **östlichen Stadteingang**, der aus **drei hintereinander angeordneten Toren** besteht. Zwei stammen noch aus der romanischen Epoche, das dritte wurde unter österreichisch-ungarischer Herrschaft erbaut. Über dem innersten Tor prangt wie in Pile der Stadtpatron. Der mit Erde und Steinen aufgefüllte **Asimon-Turm** und das frei stehende **Fort Revelin** sicherten dieses wichtige Tor, durch das Händler und Waren aus dem Osten nach Dubrovnik gelangten. Die Festung Revelin wurde 1462 erbaut, um dem Osmanischen Reich Paroli zu bieten, das sich Bosnien einverleibt hatte, und angesichts der stetig steigenden Bedrohung aus Venedig im 16. Jh. massiv verstärkt – so massiv, dass es das große Beben ohne Schaden überstand. Während der elfjährigen Umbauphase ruhten alle anderen Bauprojekte in der Stadt – der Schutz des Osttores hatte Priorität. Heute residieren in der Festung eine **Ausstellung des Archäologischen Museums**, das **Virtuelle Muse-**

EXTRATIPP

Archäologie im Fort Revelin

Die Festung Revelin 24 beherbergt die **umfangreichste archäologische Sammlung** der Stadt, die den Zeitraum vom Neolithikum bis zum Erdbeben von 1667 abdeckt. Da der Aufbau eines Museums mit ständiger Sammlung nur schleppend voran geht, werden immer wieder ausgewählte frühmittelalterliche Steinfragmente und Skulpturen in wechselnden Ausstellungen präsentiert. Ein weiterer Schwerpunkt des Museums ist der Festungsbau im 15./16. Jh.

› **Archäologische Sammlung**, Eintritt: 130 Kn (Museum-Sammelticket, s. S. 16), Do–Di 10–16 Uhr

040du Abb.: nk

um der Stadt Dubrovnik und eine angesagte Diskothek. Der Stadtmauer-Rundgang führt über dem Ploče-Tor auf die nördliche Befestigungslinie. Hinter Revelin sieht man an der nördlichen Hafenbucht die Bauten der **Lazareti** 27, in denen Ankommende zunächst eine Quarantänezeit abzuwarten hatten, bevor sie die Stadt betreten durften.

25 Nördliche Stadtmauer und Minčeta-Turm (Trvđava Minčeta) ★★★ [C1]

Der nördliche Abschnitt der Stadtmauer war am stärksten befestigt. Deutlich dickere Mauern, ein tiefer Wassergraben und eine Vormauer sowie fünf Türme sollten Angreifer aufhalten. Hier wird die gesamte Stadtanlage Ragusas und deren Ausrichtung auf das **Verteidigungssystem** besonders deutlich: Schnurgerade verlaufen die Gassen von der Placa bergauf auf die Mauern zu, ein breiter, unbebauter Streifen erlaubte es den Verteidigern, sich innerhalb der Mauern zwischen den Festungen, die die Ecken sicherten, zu bewegen. Das in der Nordmauer befindliche **Stadttor Buža** wurde erst zu Beginn des 20. Jh. eingebaut.

Voraus ist die eindrucksvollste Bastion, der **Minčeta-Turm** an der Nordwestecke, zu sehen. Ausgehend von einem quadratischen Turm, der bereits 1319 errichtet wurde, plante der eigens dafür engagierte Michelozzo Michelozzi dessen Umbau und Erweiterung nach den modernen Erfordernissen von Kriegs- und Verteidigungskunst. Grund für die Verstärkung des Bollwerks war der Fall Konstantinopels an die Osmanen 1453. Ragusa witterte Unheil, und das zu Recht, wie sich 1463 herausstellte, als das Os-

◁ Beim Rundgang auf der Stadtmauer eröffnen sich immer neue Perspektiven

▽ Dubrovniks Dächer zeigen bis heute Spuren der Granateinschläge

051du Abb.: fk

manische Reich Bosnien und damit Ragusas Hinterland eroberte. Michelozzi plante einen Rundbau mit bis zu sechs Meter dicken und von Schießscharten für die Kanonen durchbrochenen Mauern. Juraj Dalmatinac setzte das Projekt nach diesen Entwürfen um und krönte das Rondell zusätzlich mit einem Turm, von dessen Terrasse sich ein weiter Panoramablick über die Stadt eröffnet.

26 Festung Lovrijenac (Trvđava Lovrijenac) ★★ [A3]

Die frei stehende Festung ist zwar nicht Teil des Mauer-Rundgangs, soll aber als wesentlicher Bestandteil des Verteidigungssystems hier erwähnt werden. Allein schon die Lage, die sich am eindrucksvollsten allerdings von der Stadtmauer, z. B. von der Festung Bokar 23 aus, erschließt, ist fantastisch. Die Bastion klebt auf einem Felsen 37 m hoch über dem Meer und sichert zusammen mit Bokar und Minčeta das Pile-Tor 22.

Das Bollwerk mit **bis zu zwölf Meter dicken Wänden** wurde im 14./15. Jh. erbaut und nach dem großen Beben 1667 wehrhaft wiederhergestellt. Im Gegensatz zu den dem Meer zugewandten Festungsmauern sind diejenigen der Altstadtseite nur ganze 60 cm dick, sodass sie im Fall einer Meuterei mit Kanonen von der Feste Bokar 23 aus beschossen werden konnten. Über dem Festungseingang prangt die Inschrift „Non bene pro toto libertas venditur auro“ („Für alles Gold der Welt werden wir unsere Freiheit nicht verkaufen“), die von dem Poeten **Ivan Gundulić** stammen soll und als **Ragusas Wahlspruch** gilt. Während das Innere der Festung, das u. a. als Veranstaltungsort für das Sommerfestival (s. S. 94) dient, kaum Sehenswertes zu bieten hat, eröffnet sich von der Plattform ganz oben ein fantastischer Blick über die Küste und auf die Altstadt. Ein Blick, den Game-of-Thrones-Fans aus vielen Szenen der Saga wiedererkennen werden.

› ganzjährig täglich geöffnet: April/Mai 8–18.30, Juni/Juli 8–19.30, Aug./Sept. 8–18.30, Okt. 8–17.30, Nov.–März 9–15 Uhr, Eintritt: kostenlos mit dem Stadtmauerticket, sonst 50 Kn

042du Abb.: nk

Entdeckungen außerhalb der Altstadt

In Dubrovnik ist das Gros der Sehenswürdigkeiten auf die Altstadt konzentriert. Außerhalb ist nur wenig Historisches erhalten, dafür erlebt man hier etwas vom Alltag der Menschen, die dieses Weltkulturerbe bewohnen.

27 Lazareti ★ [G2]

Als erste Stadt Europas führte die Republik Ragusa mit einem Dekret von 1377 die Quarantänepflicht für alle Reisenden ein, egal ob gebürtig aus Ragusa oder aus anderen Regionen. Heute beherbergen die früheren Quarantänebaracken vor dem Ploče-Tor einen beliebten Klub, Künstlerateliers und verschiedene andere kulturelle Einrichtungen.

Ragusa trieb intensiven Handel mit Südosteuropa und dem Osmanischen Reich, woher Reisende nicht nur kostbare Waren, sondern immer wieder auch Infektionskrankheiten in die Hafenstadt brachten. Mehrere verheerende **Pestepidemien** sind in den Annalen verzeichnet. Die Einrichtung einer Quarantänestation lag vor diesem Hintergrund nahe. Zunächst wurden die unter Quarantäne Gestellten auf Inseln vor Cavtat 39 untergebracht und mussten dort 30 Tage verbringen. Später beherbergten Klöster auf den Inseln Mljet und Lopud die Reisenden, dann wurde im 15. Jh. eine Station in Danče unterhalb des heutigen Gradac-Parks 31 bei der gleichnamigen Marienkirche eingerichtet.

Blick auf den Stadtteil Ploče mit den Lazareti und den feinsten Hotels der Stadt

Uneinnehmbar erhebt sich die Festung Lovrijenac auf ihrem Felsen

EXTRATIPP

Helfen mit Deša

In einem der zehn Lazareti-Häuser arbeitet **die gemeinnützige Organisation Deša** vor allem mit Frauen und Kindern aus der ländlichen Region um Dubrovnik. In den Anfängen ihrer Tätigkeit kümmerte sich Deša um die Vertriebenen des Jugoslawienkrieges. Vor der Belagerung Dubrovniks hatten die serbisch-montenegrinischen Einheiten das Konavle-Tal und die Župa Dubrovačka erobert und die meisten kroatischen Bewohner vertrieben. Deša nahm die Flüchtlinge auf und begann, mit den oft traumatisierten Menschen – viele Frauen waren vergewaltigt worden – neue Perspektiven und neues Selbstbewusstsein zu entwickeln. Dabei halfen Gespräche mit Therapeuten und Sozialarbeitern ebenso wie die Besinnung auf überlieferte Traditionen und Kunsthandwerk. So wurden beispielsweise Seidenraupen gezüchtet und aus der gewonnenen Seide feine Stickereien angefertigt. Die Frauen stellten gemeinsam Marmelade und Honig her oder kümmerten sich um die Wiederbelebung historischer, beinahe vergessener Trachten. Heute bietet Deša auch Computer- und Sprachkurse an und fördert touristische Projekte der Frauen. Im angeschlossenen Laden sind alle hier hergestellten Produkte zu kaufen.

3 [F2] **Deša,** Frana Supila 8, Tel. 311625, http://desa-dubrovnik.hr, geöffnet: Mo–Fr 8–16 Uhr

Schließlich machte sich der Rat der Stadt 1533 an den Bau einer Quarantänestation auf der Insel Lokrum, die allerdings nie fertiggestellt wurde. Ende des 16. Jh. beschloss man den Bau der **Lazareti** im Stadtteil Ploče, also direkt vor dem Ploče-Tor. 1642 waren die zehn länglichen, von einer hohen Mauer umgebenen Steinhäuser einsatzbereit. Die Aufenthaltsdauer für die darin Internierten wurde auf 40 Tage ausgeweitet. Unter den vielen Quarantänestationen, die dem Ragusaner Vorbild folgend später auch in anderen bedeutenden Handelsstädten wie Venedig oder Mailand errichtet wurden, sind die Ragusaner Lazareti die am besten erhaltenen.

Außer einer beliebten Ausgeh-Location, dem **Klub Lazareti** (s. S. 87), sind in den Baracken u. a. die Ausstellungsräume der **Art radionica Lazareti** (s. S. 72) untergebracht, einer Vereinigung von Intellektuellen und Künstlern, in deren Galerie häufig Ausstellungen zeitgenössischer Kunst oder Performances zu sehen sind.

› Frana Supila bb

28 Insel Lokrum ★★ [ek]

Spazieren gehen im schattigen Park, baden, Vögel und Pflanzen bewundern – Lokrum bietet ein grünes Kontrastprogramm zur steinernen, von der Geschichte geprägten Schönheit Dubrovniks.

Rund 600 m und eine kurze **Schiffspassage vom Alten Hafen** 7 entfernt lädt die knapp einen Quadratkilometer große Insel zu einem erholsamen Badetag – allerdings nur an **Felsbuchten**, Strände gibt es nicht. Das Eiland wurde bereits im 11. Jh. von Franziskanermönchen besiedelt, deren **Kloster** im 19. Jh. durch die französischen Truppen aufgelöst wurde. Diese wiederum errichteten die Festung **Fort Royal** am höchsten Punkt der Insel. Auf die Franzosen folgte 1859 der Habsburger Erzherzog und spätere glücklose Kaiser von Mexiko Maximilian I. Er ließ das Kloster zur **Sommerresidenz** ausbauen, exotische Bäume und Sträucher pflanzen und setzte Pfaue aus. 1919 fiel die Insel schließlich an das Königreich Jugoslawien, das die **botanische Tradition** fortsetzte – vor allem Eukalyptus, Sukkulenten und Kakteen aus Südamerika und Australien haben auf Lokrum eine neue Heimat gefunden. Vogelliebhaber können Kappenammer, Steinhuhn, Rotkopfwürger, Kormoran und sogar Schlangenadler beobachten.

Heute dient die üppig bewachsene Insel als **schattiges Ausflugsziel.** Leitern erleichtern den Gang über die Felsen ins Meer und sogar eine FKK-Badezone ist vorhanden. Wem die Adria nicht warm genug ist, der kann im **Mrtvo more**, dem „Toten Meer" schwimmen. Der kleine Salzsee im Süden der Insel ist mit dem offenen Meer verbunden. Fans können im **Game-of-Thrones-Center** im ehemaligen Kloster Details über die Dreharbeiten in Dubrovnik erfahren und auf dem Eisernen Thron aus der Serie Platz nehmen. Auf der gesamten Insel ist das Rauchen verboten!

› www.lokrum.hr, Schiffe vom Alten Hafen je nach Saison und Passagieraufkommen alle 30 bis 60 Minuten, Eintritt (mit Schiffspassage): 150 Kn (geführte Tour 350 Kn), GoT-Center tägl. 11–19 Uhr, Eintritt frei

29 Kunstgalerie (Galerija Umjetnička) ★★ [ej]

Eine willkommene Abwechslung zu Gotik und Renaissance erwartet Besucher der Kunstgalerie, des Dubrovniker Museums für Moderne Kunst. Zeitgenössische und Werke der Klassischen Moderne eröffnen einen Einblick in das breite Spektrum kroatischen Kunstschaffens.

Seit 1948 ist die Dubrovniker Kunstgalerie MOMAD im in den 1930er-Jahren errichteten Sommerhaus des Reeders Božo Banac beheimatet. Schwerpunkt ihrer Sammlung ist die **Klassische Moderne** mit Werken, die zwischen dem Ende des 19. Jh. und dem Zweiten Weltkrieg entstanden sind und wenn möglich in einem Bezug zu Dubrovnik stehen. So ist beispielsweise **Vlaho Bukovac** (1855–1922) prominent vertreten, der viele impressionistisch anmutende Motive in und um Cavtat malte. Auch Arbeiten von Ivan Meštrović, der in Cavtat ein Mausoleum und für Dubrovnik die Statuen des hl. Blasius und des Schriftstellers Marin Držić schuf, sind ausgestellt.

Der zweite Sammlungsschwerpunkt gilt der **zeitgenössischen Kunst** mit Bildern, Skulpturen, Fotografien und Installationen vorrangig kroatischer Kreativer. Regelmäßige Ausstellungen widmen sich in Zusammenarbeit mit prominenten Kuratoren Spezialthemen. Neben der sehenswerten Ausstellung lohnt ein Gang auf die Terrasse des Museums, von der sich ein herrlicher Blick auf die Altstadt bietet.

› Put Frana Supila 23, Tel. 426590, www.ugdubrovnik.hr, geöffnet: Sommer Di–So 9–20, Winter 10–16 Uhr, Eintritt: 130 Kn (Museum-Sammelticket s. S. 16)

30 Berg Srđ und Museum des Unabhängigkeitskampfes (Muzej domovinskog rata) ★★ [ei]

Panorama und Mahnung – so ließe sich zusammenfassen, was der Dubrovniker Hausberg heute für Einheimische wie Besucher bedeutet. Der **412 m hohe Berg** ist nicht nur ein wunderbarer Aussichtspunkt, sondern auch Symbol für den unbedingten Freiheitswillen, mit dem die Kroaten Dubrovnik während der Belagerung durch die serbisch-montenegrinische Armee verteidigten. Gekrönt wird der Gipfel von dem unter französischer Herrschaft errichteten **Fort Imperial**, in dem heute ein **Museum** an den Unabhängigkeitskrieg der Kroaten und die Belagerung Dubrovniks erinnert. Ein Zug mit leichter Infanteriebewaffnung, also rund 60 Mann, die im Fort Imperial stationiert waren, versuchte während der neun Monate, die Dubrovnik belagert wurde, den Aggressoren standzuhalten. Wie das Museum und die Pläne für einen neuen Golfplatz mit Luxusvillen zusammenpassen sollen, muss sich die Dubrovniker Stadtverwaltung fragen, die ein entsprechendes Bauprojekt auf dem Berg gegen ein Bürgerreferendum durchpeitscht (s. S. 105). An der Seilbahnstation lädt das **Restaurant Panorama** (s. S. 80) zum Lunch oder Kaffee.

•4 [E1] **Seilbahn auf den Berg Srđ,** Petra Krešimira 4, Tel. 325393, www.dubrovnikcablecar.com, Berg- u. Talfahrt 170 Kn, Dez./Jan. 9–16, Feb./März/Nov. 9–17, April/Okt. 9–20, Mai 9–21, Sept. 9–22, Juni–Aug. 9–24 Uhr

› Museum: https://mdrd.hr, geöffnet: tägl. 8–22 Uhr (Nov.–März bis 20 Uhr), Eintritt: 30 Kn

31 Um den Park Gradac ★ [dj]

Westlich des Pile-Tors gelangt man entlang der ulica Branitelja Dubrovnika und dann links durch die ulica Don Frane Bulića in den schattigen **Park Gradac,** dessen Mittelpunkt ein kleiner Goldfischteich mit Springbrunnen bildet. Treppen und Stufen führen bergan zu reizvollen Aussichtspunkten. Unterhalb des Parks und ebenfalls zugänglich über die Don Frane Bulića verbirgt sich ein kunsthistorisches Kleinod, die **Kirche der hl. Maria von Danče (Crkva Gospe od Danača).** Sie wurde 1457 auf Geheiß

044du Abb.: nk

EXTRATIPP

Beliebter Felsstrand

Unterhalb der Klosteranlage der Franziskanerinnen von Danče gehen die Dubrovniker am **Strand von Danče (plaža Danče)** gerne baden. Die Nachahmung ist nur erfahrenen Schwimmern zu empfehlen, denn der Grund ist zerklüftet und felsig und die Brandung häufig ziemlich stark.

●5 [dj] **Strand von Danče (Plaža Danče)**

des Großen Rats erbaut, der im hiesigen Franziskanerinnenkloster eine Quarantänestation eingerichtet hatte. Auch ein Friedhof wurde vorgesehen. Das Kirchlein birgt zwei kostbare Gemälde aus der Hand Dubrovniker Künstler: ein Polyptichon von Lovro Dobričević von 1465, das die Jungfrau mit Kind abbildet, und das 1517 angefertigte, unendlich feine Tryptichon der Jungfrau mit den Heiligen von Nikola Božidarević. Leider ist die Kirche meist verschlossen – verständlich angesichts des Schatzes, den sie birgt. Mit dem Gotteshaus ist übrigens ein alter Brauch verbunden: Schiffe, die Dubrovnik entlang dieser Küste verlassen, grüßen die Kirche mit ihrer Sirene und die Klosterschwestern antworten dann mit den Kirchenglocken – das soll Glück bringen.

Ein paar hundert Meter nach Westen erhebt sich die 35 Meter hohe **Boninovo-Klippe (litica Boninovo)** nahezu senkrecht aus dem Meer. Weil Selbstmörder sich hier häufig in den Tod stürzten, hat die Stadt den Zugang zur Klippe mit einem Drahtzaun versperrt, an dem heute Liebespaare ihre ewige Zuneigung durch das Anbringen von Schlössern (und Wegwerfen des Schlüssels) beschwören. Auch ohne Verliebtheit ein schöner Aussichtspunkt, vor allem zum Sonnenuntergang!

› Im Stadtteil Pile, ulica Don Frane Bulića

< Unterhalb des Klosters von Danče liegt ein beliebter Badestrand

32 Gruž ★ [ch]

Das **Hafengebiet von Dubrovnik** ist touristisch angeblich nur insofern interessant, als hier die Schiffe auf die Elafitischen Inseln und die Autofähre nach Bari ablegen und überregionale Busse starten. Nun, so ganz stimmt das nicht, denn der Hafenbereich präsentiert sich als ein Stück untouristisches **Alltagskroatien** und lohnt deshalb zumindest einen Besuch. Ursprünglich diente die geschützte Hafenbucht von Gruž als Sommersitz des Ragusaner Adels und wer genau hinsieht, kann an vielen Häusern noch Hinweise darauf finden, dass sie einst als Sommervillen errichtet wurden.

Dieser Besuch sollte am **Markt** *(tržnica)* an der obala Stjepana Radića beginnen (Mo–Sa 7–12 Uhr). Gemüse und Fische werden im Garten der ehemaligen Sommervilla des Ragusaner Poeten Ivan Gundulić verkauft – ein etwas seltsam wirkendes Arrangement, das den fotografischen Reiz des Marktes aber nur noch erhöht. Bauern aus dem Konavle-Tal bringen Obst und Gemüse, aus dem Neretva-Delta kommen Getreide und Reis, selbst aus Bosnien-Herzegowina reisen Landwirte an, um ihre Waren zu verkaufen. Die besten Orangen, so sagt man, haben die Bäuerinnen von der Insel Lopud im Angebot und von eben diesen Elafitischen Inseln kommen auch die frischesten Fische auf dem Fischmarkt, den man am besten möglichst früh besucht. Im bunten Markttreiben lohnt ein Blick auf die Sommervilla im Stil der Renaissance. Leider scheinen kaum Mittel zu ihrer Renovierung zur Verfügung zu stehen.

Schräg gegenüber, an der Lapadska Obala und damit dem Stadtteil Lapad zugehörig, erhebt sich hinter dem Jachtclub Orsan die **Sommervilla des Petar Sorkočević**, die der Adelige im 16. Jahrhundert erbauen ließ. Auch hier sind alle typischen Elemente der damaligen Villenarchitektur erhalten, vom Hafen über ein Fischbecken bis hin zu Loggia, Terrasse sowie Nutz- und Ziergärten. Während des Dubrovniker Sommerfestivals (s. S. 94) wird die Villa als Veranstaltungsort für Musik- und Literaturabende genutzt. Sie ist leider nicht zu besichtigen.

Von hier empfiehlt sich der Spaziergang entlang der Lapadska obala, der rund um die bewaldete Halbinsel Babin Kuk und weiter entlang der Lapad-Küste bis zur Landspitze Rt Petka beim Hotel Dubrovnik Palace führen könnte (ca. 6 km). Man passiert Grünanlagen, Strandbuchten und Hotels, und wer stille Natur und eine schöne Aussicht genießen möchte, wandert vom Palace Hotel auf den Hügel Mala Petka (145 m) im mit Aleppokiefern, Zypressen und Steineichen bewachsenen **Naturschutzgebiet Petka.**

Zwischen den Hotels Grand Hotel Park und Vis befindet sich mit dem **Lapad Beach** die größte Strandanlage Dubrovniks.

•6 [bh] **Lapad Beach**

7 [ch] **Markt von Gruž**, obala Stjepana Radića

› **Anfahrt:** Busse 4 (Lapad) oder 2, 3 und 8 (Gruž) ab Pile-Tor 22

Entdeckungen in der Umgebung

Ragusa war vom Anbeginn seiner Existenz intensiv mit seinem Umland verbunden. Felder und Gärten aus Konavle-Tal und Župa Dubrovačka südlich sowie aus dem Dubrovačko Primorje nördlich des heutigen Dubrovnik versorgten die Stadt. Als die Gefahr durch die Türken durch Verhandlungsgeschick gebannt schien, errichtete der Adel Sommersitze außerhalb der schützenden Mauern.

Die meisten der Anwesen sind leider dem Zahn der Zeit, der Modernisierung oder schließlich den serbisch-montenegrinischen Angriffen in den Jahren 1991/92 zum Opfer gefallen, aber einige Beispiele wie die Villa Gučetić-Gozze in Trsteno sind noch erhalten und andere wie die Villa Bunić-Kaboga an der Rijeka Dubrovačka wurden restauriert.

Die folgenden Reiseziele, die intensiv mit Dubrovniks Geschichte in Verbindung stehen und zudem ein breites Spektrum an Freizeitmöglichkeiten bieten, möchten wir Ihnen ans Herz legen.

33 Rijeka Dubrovačka ★

Seit die 2002 eröffnete Franjo-Tuđman-Brücke die Fahrt um das Tal der Rijeka Dubrovačka überflüssig macht, sind die Städtchen rund um den Omla-Canyon nur noch marginal vom Verkehr und damit auch vom Tourismus berührt. Aber ein Besuch lohnt sich.

Rijeka Dubrovačka, der „Dubrovniker Fluss", war zu Zeiten der Stadtrepublik bevorzugtes Bauland für die **Sommervillen** des Adels. 14 dieser *ljetnikovac* genannten *palazzi* sind

heute noch in mehr oder weniger gutem Zustand erhalten, nur wenige wurden allerdings bislang renoviert. Der 5 km landeinwärts greifende, 200 bis 300 m schmale Fjord ist eigentlich die **Mündung des Karstflusses Ombla** ins Meer. Dieser entspringt im 20 km entfernten, bosnisch-herzegovischen Karst als Trebišnjica, versickert im porösen Untergrund und setzt seinen Weg unterirdisch fort, bis er an der Rijeka Dubrovačka mit einiger Macht aus seiner Höhle ans Tageslicht bricht. Im Lauf der Jahrhunderte hat der Fluss einen Canyon gegraben, dessen nahezu senkrechten Wände sich vor allem im Talschluss imposant auftürmen. Ragusa hatte das Land um die Rijeka Dubrovačka im 11. Jahrhundert durch eine Schenkung des kroatischen Königs bekommen. Als die Region durch weitere Landkäufe, Sicherungsmaßnahmen und Verträge vor Angriffen geschützt war, legte Onofrio della Cava im 15. Jh. eine **Wasserleitung** von der Ombla-Quelle bis nach Ragusa, wo das Wasser den Großen Onofrio-Brunnen ❶ speiste. Im Jugoslawienkrieg wurden die Ufer der Rijeka Dubrovačka von Verbänden bosnischer Serben besetzt und viele Siedlungen zerstört. Bis heute sind zerschossene Hausruinen zu sehen.

Von Dubrovnik kommend, fährt man nicht auf die Tuđman-Brücke über die Mündung, sondern biegt davor rechts auf die Regionalstraße 420 ab, die den Fluss-/Meeresarm umrundet (Busverbindung s. S. 49). Gleich zu Beginn des Fjords, der im Grunde nur ein vom Meer überschwemmtes Flusstal ist, passiert man Batahovina, wo 2013 eine aus dem 13. Jh. stammende Villa, **Ljetnikovac Bunić-Kaboga** (s. S. 48), originalgetreu restauriert wurde. Zumindest von außen kann man einen Blick auf das repräsentative Anwesen in seinem nach klassischem Vorbild gepflanzten Park werfen.

Vorbei an den hübsch gelegenen Dörfern Sustjepan und Čajkoviči folgt die Straße der Küstenlinie immer weiter auf den Talschluss und die näher zusammenrückenden, steilen Hänge des Golubov Kamen, des Quellbergs der Ombla, zu und erreicht schließlich

⌃ *Der vorbildlich restaurierte Sommerpalast der Familie Bunić-Kaboga (s. S. 48)*

Eine Ragusaner Sommervilla

Die Villa Bunić-Kaboga war in einem bedauernswerten Zustand, als der letzte lebende Spross der Kaboga-Familie, der pensionierte Schweizer Chemiker Ivo Felner, 2003 beschloss, das Anwesen zu restaurieren. Allein schon die Lage - direkt gegenüber rosten die Überreste einer längst aufgegebenen Raffinerie vor sich hin - hatte wohl verhindert, dass sich der Staat um den Erhalt der Villa kümmerte, die zu den wenigen charakteristischen, noch erhaltenen Sommerhäusern des Ragusaner Adels zählt.

Den Anstoß zu der zeitraubenden Restaurierung gab allerdings ein anonymer Mäzen, der Felner davon überzeugte, die Aufsicht zu übernehmen und im Gegenzug eine generöse Summe zur Finanzierung anbot. Felner, dessen Familie das Haus seit dem 16. Jahrhundert bewohnte, hatte hier seine Kindheit verbracht, bevor er 1945 mit seinen Eltern das damalige Jugoslawien verließ. Seine Großmutter lebte noch bis zu ihrem Tod in der Villa. Im Jahr 1960 wurde das Anwesen enteignet.

Alle typischen Elemente eines Ragusaner Sommerhauses sind an der restaurierten Villa erhalten: die zum Meer geöffnete, auf Säulen ruhende Loggia, die Hauskapelle mit den Gräbern der Kaboga-Dynastie, die Terrasse, von der aus man die vorbeifahrenden Schiffe beobachten konnte, und das kleine Hafenbecken, in dem der Hausherr sein Boot ankern ließ. Während der Garten vor dem Haus Schmuck und Zier dient, sind die Terrassen hinter dem Anwesen mit Wein, Obst und Gemüse bepflanzt. Auch das Innere spiegelt den historischen Zustand wider: Von einem zentralen, großen Raum im Erdgeschoss gehen vier Nebenräume ab. Sie sind in zarten Farben und mit eleganten Fresken bemalt.

Das restaurierte Haus schenkte Felner der Stadt Dubrovnik. Es soll in Zukunft als Konferenzzentrum und Museum dienen. Seit der Schenkung hat sich aber noch nicht viel getan; nur einige Musik- und Theaterveranstaltungen mit Renaissancemusik werden gelegentlich im Palast und im Garten abgehalten. Am besten erkundigt man sich bei der Tourist-Information (s. S. 115).

★8 *[cg]* ***Ljetnikovac Bunić-Kaboga***

die Anlage der ACI-Marina Dubrovnik. Auch Nicht-Segler werden den **Jachthafen** gern besichtigen, denn Mittelpunkt der Marina ist der **Ljetnikovac Sorkočević** aus dem 16. Jh. Das Sommerschloss, heute Sitz der Kroatischen Akademie der Wissenschaften und Künste, kann nur von außen besichtigt werden. Ein Bummel durch den Garten zeigt die noch weitgehend originalgetreu erhaltene Anlage mit den charakteristischen Steinsäulen, die im Sommer Schatten spendende Pergolas trugen, und dem Kanal, der das Haus mit dem Fjord verband. Von hier wie von dem malerischen Örtchen **Komolac**, zu dem die Marina gehört, eröffnet sich ein schöner Ausblick auf die Ombla-Schlucht und den von steilem Fels eingerahmten Weiler Rožat am Nordufer gegenüber, dessen Häuser sich um einen Hügel mit der Pfarrkirche und einen Palmenhain scharen.

Der Uferstraße und im Weiteren der put Izvora (Quellstraße) folgend, erreicht man vorbei an einer den Fluss nahezu blockierenden Insel die **„Quelle" der Ombla.** Tatsächlich rauscht der Fluss auf einer Breite von ca. acht Metern aus einem Spalt des Berges Golubov Kamen (422 m) – ein eindrucksvolles Bild, das um ein Haar einem Wasserkraftwerk zum Opfer gefallen wäre. Bürgerinitiativen haben die Pläne der Regierung blockiert und sie dazu veranlasst, den Bau aufzugeben. Neben der landschaftlichen Schönheit ist dieser Teil der Rijeka Dubrovačka bzw. der Ombla nämlich auch ein Refugium für Wasservögel und Laichplatz für Aale, für die der Fluss früher berühmt war.

Mittelpunkt von **Rožat** am nördlichen Ufer ist ein **Franziskanerkloster** (samostan Pohođenja Marijina), das 1393 erbaut und zu Beginn des 16. Jh. erneuert wurde. Mit etwas Glück darf man die Vierflügelanlage und ihren schlichten, romanischen Kreuzgang, der ungewöhnlich groß ist für den Klosterbau, betreten. In der Klosterkirche sind zwei wertvolle Gemälde des impressionistischen Malers Celestin Medović zu sehen. Auf einem Hügel über dem Ort thront **Velika Gospa:** Die im 12. Jh. errichtete **Pfarrkirche** präsentiert sich barock, denn das Erdbeben 1667 hatte ihr heftig zugesetzt. Im weiteren Verlauf der Fahrt nach Westen passiert die Straße mehrere Orte, die allerdings durch moderne Siedlungen viel von ihrem Charme verloren haben. Dazwischen sind aber immer wieder auch alte Kirchen und Ruinen der Sommervillen auszumachen. Über die Franjo-Tuđman-Brücke geht es zurück nach Dubrovnik.

› **Busverbindungen:** Bus Nr. 28 halbstündlich ab Gruž in Richtung Osojnica, der Bus hält in allen erwähnten Orten

★9 **Ljetnikovac Sorkočević**

★10 **samostan Pohođenja Marijina,** https://rozat.org, Besuch nach Voranmeldung unter Tel. 098 219302

★11 **Velika Gospa**

34 Arboretum Trsteno ★★★

Im 15. Jh. errichtete die Ragusaner Adelsfamilie Gučetić-Gozze ihre Sommervilla im 20 km nördlich gelegenen Trsteno. Der Palast und sein Garten sind ein ebenso repräsentatives wie bezauberndes Beispiel für die Architektur der Ragusaner Landsitze.

Das 25 Hektar große Anwesen liegt am Hang über dem Meer mit Blick auf die Elafitischen Inseln. Ausge-

046du Abb.: fk

› *Zauberhafte Wasserspiele im Arboretum Trsteno*

Villen als Sinnbild der Renaissance

Mitte des 15. Jh. näherte sich Ragusa dem Höhepunkt seiner Macht und seines Wohlstands. Die venezianische Vorherrschaft war abgeschüttelt und mit den Osmanen hatte man Tributverträge geschlossen, die einerseits die Unversehrtheit der Stadt garantierten und andererseits neue Handelswege und -möglichkeiten eröffneten. Ragusas Wallanlagen waren so verstärkt, dass sie als unbezwingbar galten. Der Ragusaner Adel hingegen hatte wenig Lust, sich hinter diesen Mauern zu verstecken. Er demonstrierte seinen Freiheitssinn mit dem Bau ländlicher Villen außerhalb des geschützten Bereichs.

Zwischen 1450 und 1650 soll es zwischen Cavtat und Orebić mehr als 200 dieser Landhäuser gegeben haben und die Vermutung liegt nahe, dass die Ragusaner damit eine alte Tradition aus römischer Zeit wiederbelebten. Möglicherweise wurden viele der neuen Anwesen auf den Fundamenten antiker „villae rusticae" erbaut, mit denen die Römer die Erschließung und die landwirtschaftliche Nutzung ihrer Territorien vorantrieben. Man weiß, dass die Wiederbesiedlung Cavtats 39 *durch den Ragusaner Adel im 15. Jh. auf der Grundlage der in römischer Zeit vorgenommenen Parzellierung erfolgte. Wie im antiken Epidaurum, der Keimzelle Ragusas, wurde das Land in 25 gleich große Grundstücke aufgeteilt und den Adelsfamilien Ragusas überantwortet. Keiner wurde übervorteilt, denn die Mitglieder des Großen Rates waren alle gleich. Entsprechend wurde gebaut: Fast gewinnt man den Eindruck, die gleichförmigen, teils noch heute erhaltenen, von kleinen Gärten umrahmten Häuser seien Teil einer Villensiedlung von bewusster Uniformität gewesen.*

Aber es gibt auch Beispiele individueller Prachtentfaltung wie das der Villa Gučetić-Gozze in Trsteno oder des Sorkočević-Palastes in Gruž/Dubrovnik. Auffällig ist bei diesen Anwesen, die häufig dem Meer zugewandt und

hend von der im charakteristischen **Gotik-Renaissancestil** errichteten Villa senkt sich der **Park** in Terrassen hinunter zu einem kleinen Hafen mit steinernem Kai. Zier- und Nutzbäume wechseln sich in den einzelnen Gartenbereichen ab – neben Oliven, Feigen oder Zitrusbäumen gedeihen auch Palmen, Eukalyptus, Lorbeer, Kakteen und Platanen. Bougainvillea, Lavendel und Hibiskus setzen Farbakzente, während Eichen und Aleppokiefern schmale, sorgfältig angelegte Wege beschatten, die an reizvollen Aussichtspunkten oder Attraktionen wie dem barocken Neptunbrunnen enden, in dessen Becken Seerosen blühen. Die Dubrovniker Patrizier Gučetić-Gozze ließen den Garten ab 1492 anlegen. Von 1493 stammt das Aquädukt, das den Garten bis heute mit Wasser versorgt. Solche Sommerhäuser dienten nicht nur der Entspannung, sondern auch der Geselligkeit. Theatergruppen spielten zur Unterhaltung der Gäste, Dichter lasen aus ihren Werken.

Beim Vormarsch der serbisch-montenegrinischen Streitkräfte gegen Dubrovnik wurde das Arboretum von

von üppigen, subtropischen Parkanlagen umgeben sind, dass sie keinerlei Verteidigungsanlagen besitzen. Bewusst schutzlos präsentieren sie ihre Schönheit und den Reichtum des Eigentümers den Schiffen, die an der Küste an ihnen entlangfahren. Architektonisch herrscht bei den meisten Ragusaner Sommervillen jener Mischstil aus Gotik und Renaissance vor, der auch für den Rektoren- oder den Sponzapalast charakteristisch ist.

Die üppigen Parks und Gärten, geschmückt mit Springbrunnen, Fischteichen, Pavillons und Schiffsanlegemöglichkeiten, verdanken ihren subtropischen Bewuchs häufig den weitreichenden Handelsverbindungen. Die Kapitäne brachten nicht nur Waren, sondern auch Samen und Pflanzen mit, die im milden Klima prächtig gediehen.

Villa und Garten sollten als Abbild des himmlischen Arkadiens einen Lebensraum darstellen, in dem der Besitzer, seine Familie und seine Gäste sich wohlfühlen. Nikola V. Gučetić, dem Villa und Garten in Trsteno gehörten, war nicht nur in Ragusa ein angesehener Philosoph. Seine Werke „Über die Schönheit", „Über die Liebe" und „Über die Führung einer Familie" wurden in Venedig gedruckt. In den Texten nimmt er mehrmals Bezug auf sein Anwesen, in dem er die Seiten verfasst habe und das sich in jeder Hinsicht mit den Villen des antiken Arkadiens messen könne.

Mit dem Niedergang Ragusas endete auch die Ära des Adels und seiner Villen. Viele Familien konnten die Landsitze nicht mehr unterhalten und ließen sie verfallen. Nur wenige wie das Anwesen Gučetić-Gozze in Trsteno blieben bis zur Verstaatlichung 1948 unter der Obhut der Familie. Danach übernahm die Kroatische Akademie der Wissenschaften und Künste Verantwortung und Pflege, sodass wenigstens eine der Ragusaner Sommervillen in ihrer ursprünglichen Gartenanlage erhalten werden konnte.

Trsteno am 2. und 3. Oktober 1991 von Kanonenbooten und Kampfflugzeugen beschossen. Die Kriegsschäden sind inzwischen weitestgehend behoben. Kinder freuen sich im Park über das kleine Labyrinth und – wenn sie bereits schwimmen können – am Sprung ins kühle, klare Nass von der Kaimauer des Hafens.

› ca. 17 km nordwestlich von Dubrovnik, Potok 20, Trsteno, 20235 Zaton Veliki, Tel. 751019, Eintritt: 50 Kn, geöffnet: Mai–Okt. 7–19, Nov.–April 8–16 Uhr

› Busse 12, 15, 35, ab der zentralen Bushaltestelle in Dubrovnik-Gruž

35 Ston ★★★

Die mit 5,5 km längste Festungsmauer Europas ließ die Stadtrepublik Ragusa im 14. Jh. errichten, um die Salinen von Ston und zugleich auch ihr Territorium vor Venedigs Begehrlichkeiten zu schützen.

Ein Blick auf die Landkarte genügt, um die strategische Bedeutung des Kaufs zu verstehen, den Ragusa 1334 tätigte. Damals erwarb die Stadtrepublik, rund 50 Jahre nachdem sie Venedigs Herrschaft abgeschüttelt hatte, die **Halbinsel**

047du Abb.: fk

KURZ & KNAPP

Spionage

Ein weiterer und sicher geplanter Nebeneffekt des Pelješac-Erwerbs war die Gründung des Städtchens Orebić im Nordwesten der Landzunge, direkt gegenüber der venezianischen Stadt Korčula auf der gleichnamigen Insel. Als **Horchposten** wurde das **Franziskanerkloster** über Orebić installiert, von dem aus Ragusaner Spione mittels Fernrohr beobachten konnten, was in und auf Korčula vor sich ging.

Pelješac. Mit ihr kamen nicht nur die seit der römischen Antike bewirtschafteten **Salinen** bei Veliki Ston in Ragusas Besitz, sondern auch ein großes Stück **fruchtbaren Landes**, das zwar bereits besiedelt war, nun aber von der Ragusaner Aristokratie übernommen wurde. Um die Salzgärten und das neu erworbene Land zu schützen, wurde im 15. Jh. innerhalb von 18 Jahren das **längste Bollwerk des damaligen Europa** erbaut und im 16. Jh. von den aus Ragusa bekannten Architekten Michelozzi, Dalmatinac und Miličević den Regeln moderner Kriegsführung entsprechend verstärkt. Anders als damals üblich wurden keine Zwangsarbeiter eingesetzt und die Beschäftigten entlohnt.

Das Ergebnis der Verteidigungsbemühungen war eine **sieben Kilometer lange Mauer** quer über die Landenge von Mali nach Veli Ston, die drei Festungen (Veliki Kaštio, Koruna und Podzvizd), 41 Türme, sieben Bastionen (Sokolić, Arcimon in Ston, Podzvizda und Arcimon in Mali Ston und drei Bastionen am Veliki Kaštio), vier Vorwälle und ein mit Wasser gefüllter Graben rund um Veli Ston verstärkten. Dieses Bollwerk schnitt die Halbinsel vom Festland ab, schützte die Salinen und die beiden neu gegründeten Städte Mali und Veli Ston, in denen Ragusaner und später auch Familien aus anderen Landesteilen angesiedelt wurden.

Beide Städte, vor allem aber Veli (das große) Ston, sind Minikopien der Mutterstadt. Beide haben eine Hauptstraße (Placa), von der die Nebenstraßen rechtwinklig abzweigen. Die

Dubrovniker Mauerbau an der Nordgrenze: die Wälle von Ston

Häuser besitzen wie in der Dubrovniker Prijeko-Gasse 20 oder entlang der Placa eine einheitliche Breite und Höhe. In Veli Ston gibt es außerdem einen Rektorenpalast, eine Rolandssäule, einen Fischmarkt, einen städtischen Uhrturm und sogar eine dem hl. Blasius geweihte Kirche – alles nach Ragusaner Vorbild.

Wie Ragusa wurde auch diese gesamte Anlage durch ein Erdbeben empfindlich beschädigt – dies allerdings erst 1996. Die Wiederherstellung des Bollwerks wurde 2011 abgeschlossen, seitdem können Besucher 5,5 km der ursprünglichen 7 km der Mauern begehen, was ein schweißtreibendes Unterfangen werden kann, denn die Mauern führen steil bergauf und bergab. Von einer Besichtigung in der Mittagszeit ist deshalb eher abzuraten.

Veli Ston ist aber auch unabhängig von seiner Mauer ein hübsches, besuchenswertes Städtchen, in dem es sehr gemächlich zugeht und in dem auch noch einige Häuser mit Erdgeschossarkaden erhalten sind, wie sie für Ragusa typisch waren. Die Nachbarsiedlung **Mali** (kleines) **Ston** hat das Erdbeben besonders hart getroffen. Sie besteht heute aus kaum mehr als einigen Restaurants und Privatpensionen sowie Gebäuderuinen. In Mali Stons Meeresarm werden Muscheln und Austern gezüchtet, die man in den Restaurants absolut frisch auf den Teller bekommt. Ein Spaziergang durch die **Salinen** (Stonska solana) ist zu jeder Jahreszeit angenehm, auch wenn nicht wie zwischen Juli und September die Salzernte stattfindet. Dann werden die elf flachen Becken mit Wasser gefüllt und sobald dieses verdunstet ist, bleiben die Salzkristalle zurück.

› 55 km nordwestlich von Dubrovnik am Beginn der Halbinsel Pelješac, Bus Nr. 15 ab Dubrovnik-Gruž, Mo–Sa 4–6 Abfahrten täglich
› **Mauerbegehung:** http://citywalls dubrovnik.hr/bastina/stonske-zidine, Eintritt: 70 Kn, geöffnet: April/Mai 8–18.30, Juni/Juli 8–19.30, Aug./Sept. 8–18.30, Okt. 8–17.30, Nov.–März 9–15 Uhr
› **Saline:** www.solanaston.hr, Eintritt: 15 Kn, Mai–Okt. 8–18 Uhr

Kulinarisches

12 **Bota Sare** €€€, Mali Ston, Tel. 754482, www.bota-sare.hr. Der Familienbetrieb in Mali Ston und direkt am Wasser gelegen zählt zu den richtig guten und deshalb nicht gerade preiswerten Fischrestaurants Kroatiens. Austern und Muscheln kommen aus eigener Aufzucht. Auch Sushi wird serviert.

13 **Stagnum** €€, Imena Isusova 25, (Veli) Ston, Tel. 754158, geöffnet: Mai–Okt., tägl. 11–23 Uhr. Im Restaurant im Ortszentrum entschädigt der üppiggrüne Innenhof für den fehlenden Blick aufs Meer. Serviert werden große, krosse Pizzen, Grillgerichte und natürlich auch Austern und Muscheln.

Elafitische Inseln

36 Koločep ★

Mit den Nachbarinseln Lopud und Šipan sowie weiteren zehn unbewohnten Eilanden bildet Koločep den Archipel der Elafitischen Inseln, der die Küste nördlich von Dubrovnik wie ein Wellenbrecher vor der offenen See schützt. Aufgrund ihrer Fruchtbarkeit wurden die Inseln schon früh von Ragusaner Patriziern besiedelt. Koločep ist nur einen Kilometer vom Festland entfernt und liegt somit Dubrovnik und der Küste von allen Elafitischen Inseln am nächsten.

Die Elafitischen Inseln besuchen

Alle drei Inseln lassen sich **an einem einzigen Tag** von Dubrovnik aus **nicht besuchen.** Wenn man keine Unterkunft auf den Inseln buchen will oder kann (etwa für die Hälfte des Jahres, zwischen November und April, ist die touristische Infrastruktur geschlossen), sollte man für den Besuch zwei aufeinanderfolgende Tage (oder mehr) einplanen.

Am besten fährt man mit der **Autofähre** in der Frühe von Dubrovnik-Gruž nach Lopud, wo man nach einer knappen Stunde ankommt. Bis zur Weiterfahrt nach **Suđurađ,** dem östlichen der beiden Städtchen auf Šipan, mit dem **Postschiff** am früheren Nachmittag bleibt genug Zeit, die Insel zu erkunden, am Sandstrand Šunj zu baden und ein Mittagessen einzunehmen. Mit dem Postschiff legt man dann nach einer halben Stunde Fahrt in Suđurađ an. Auf die Ankunftszeiten der Schiffe abgestimmt, fährt ein **Bus** nach **Šipanska Luka,** von wo man entlang des Šipansko polje wandernd die Insel durchquert und nach Suđurađ zurückkehrt (ca. 60 Min.) und hier, wenn man es vorher angemeldet hat, das Sommerhaus **Stjepović-Skočibuha** besichtig. Zum Baden an den Kiesstränden westlich des Hafens bleibt ebenfalls Zeit. Gegen 19 Uhr geht das letzte Schiff zurück nach Dubrovnik, das sollte man nicht verpassen. Für **Koločep** und einen ausgiebigeren Badetag nimmt man sich dann am folgenden Tag Zeit.

Bitte verifizieren Sie die Abfahrtszeiten vor Ort; zwischen Hoch- und Nebensaison bestehen kleine zeitlichen Unterschiede. Neben der „Postira“ verkehrt übrigens auch eine Autofähre (meist nur zweimal/Tag) von Dubrovnik über Lopud nach Suđurađ. Fahrtzeiten und Termine für beide Schiffe auf www.jadrolinija.hr.

Auf der 2,4 km langen und autofreien Insel leben 165 Einwohner. In den Sommermonaten jedoch vervielfacht sich die Zahl, denn die Insel ist ein beliebtes Ferienziel vor allem englischer Urlauber. Neben zahlreichen Häusern, Zimmern und Apartments, die von Privatleuten vermietet werden, gibt es eine luxuriöse Hotelanlage.

Archäologische Funde aus griechischer und römischer Zeit verweisen auf die lange Besiedlungsgeschichte der Eilande. Auch der Zweitname der Insel, **Kalamota,** den die Bewohner heute noch verwenden, ist griechischen Ursprungs. Er bedeutet „Angelrute“. Slawen und Awaren, die Epidaurum (Cavtat 39) zerstörten und damit zur Gründung Ragusas beitrugen, scheinen sich auch auf den Elafitischen Inseln niedergelassen zu haben. Ruinen mehrerer altkroatischer Kapellen mit der charakteristischen Flechtbandornamentik sprechen dafür.

Die Insel hat eine lange **maritime Tradition.** Im 14./15. Jh. verzeichneten die Archive 2000 Bewohner und 37 große Schiffe. Seeleute aus Koločep befuhren Adria und Ägäis, zwei heuerten sogar auf Kolumbus' Santa Maria an. Berühmt war das Geschick der **Korallentaucher,** die Ragusas Goldschmiede mit dem kostbaren Material belieferten. Als die reichen Korallenbestände um die unbewohnte Insel Sv. Adrija abgeerntet waren, reisten die Korallenfischer bis nach Malta, um den Bedarf zu befriedigen.

Für Ragusa war das Eiland von großer Bedeutung. Verwaltet wurde es von einem **Rektor,** der auf dem benachbarten Lopud 37 residierte und verpflichtet war, alle zehn Tage in Koločep nach dem Rechten zu sehen. Wie alle anderen Besitzungen außerhalb Ragusas war auch Koločep gut verteidigt. **Wehrtürme** und **Festungen** boten den Bewohnern Schutz vor Angriffen. Dennoch gelang es osmanischen Schiffen, Koločep und die Nachbarinseln 1571 zu überfallen und zahlreiche Bewohner gefangen zu nehmen. Ragusa zahlte ein hohes Lösegeld, um seine Untertanen freizukaufen. Heute sind von den ehemaligen Wehranlagen nur noch Ruinen übrig. Auch die meisten der rund 15 Kirchen und Kapellen, darunter sieben präromanische Gotteshäuser, sind heute verfallen. Ähnlich vernachlässigt wirkt die unter Ragusaner Herrschaft kultivierte Natur. Die meisten der ehemaligen Pflanzungen und Gärten sind überwuchert. Beim Spazierengehen trifft man immer wieder auf verwilderte Obst- oder Olivenbäume.

Touristisch bietet die Insel vor allem eines: **Ruhe und Entspannung.** Zwischen den beiden bescheidenen Orten **Gornje Čelo** und **Donje Čelo** an der südöstlichen bzw. nördlichen Bucht verläuft ein rund 3 km langer Spazierweg durch Olivenhaine und Kiefernwälder. Weitere Wanderwege erschließen andere Inselteile wie die dicht bewaldete Halbinsel südlich von Gornje Čelo. Ein absolutes Highlight bildet die steil ins Meer abfallende **Westküste,** an der man entlanglaufen und immer neue, faszinierende Ausblicksmöglichkeiten entdecken kann. Zahlreiche kleine **Felsbuchten,** viele nur von der See her oder auf steilen Pfaden zugänglich, laden zum Baden ein. An kulturellen Sehenswürdigkeiten sind die Pfarrkirche **Velika Gospa** von Donje Čelo aus dem 13. Jh. und die altkroatische Friedhofskapelle **Sv. Nikola** auf halbem Weg zwischen den beiden Inselorten zu erwähnen. In Donje Čelo legen die von Dubrovnik kommenden Fährschiffe an.

› Abfahrt des Jadrolinija-Postschiffs nach Koločep, Lopud und Šipan werktags viermal, Sonntag zweimal (Juli/Aug. viermal) täglich, Fahrtzeit bis Koločep 30 Min., www.jadrolinija.hr

14 **Villa Ruža** €€€, Donje Celo, Tel. 757030, www.villa-ruza.com, geöffnet: Mai-Sept. Ebenso wie die kleine, übersichtliche Karte mit feiner Fischküche ist die Lage dieses Restaurants zu loben. Selten erlebt man romantischere Sonnenuntergänge als auf dieser Terrasse an der Bucht von Donje Čelo.

Blick vom Park der einstigen Villa Đorđić-Mayneri (s. S. 57) auf Lopud

37 Lopud ★★

Lopud teilte Koločeps Geschichte, war aber das bedeutendere der beiden Eilande und Sitz der ragusanischen Verwaltung. Heute ist es ein reizvolles Ausflugs- und Badeziel mit guter touristischer Infrastruktur.

Die 5 km² große Insel mit etwa 400 Einwohnern besitzt nur eine Siedlung, den Hafen Lopud an einer tief eingeschnittenen Bucht an der Westküste. Ein Weg verbindet Lopud über eine kleine Anhöhe in der Inselmitte mit der knapp 2 km entfernten **Bucht Šumj** an der Ostküste. Diese Bucht stellt Lopuds großes touristisches Kapital dar, denn sie besteht aus Feinkies und Sand. Wie auf Koločep sind auch auf Lopud die Spuren der Geschichte allgegenwärtig, allerdings auch ziemlich verfallen. Die einst gehegte Vegetation ist verwildert, die vielen altkroatischen Kirchen sind nur noch Ruinen. Dass Lopud einst 80 Schiffe besaß, ist heute kaum vorstellbar.

Bei der Einfahrt in die Hafenbucht präsentiert sich **Lopud-Stadt** mit einem hübschen Panorama: Links, also im Nordteil der Bucht, schließt ein mit Wehrturm und hohen Mauern gesichertes Franziskanerkloster das Hafenoval ab. Rechts, im Südteil der Bucht, überragt der Glockenturm der Kirche Sv. Nikola, die zu einem längst verfallenen Dominikanerkloster gehört, einen Palmenhain. Dazwischen reihen sich die ehemaligen Palazzi wohlhabender Inselbewohner. Nur im äußersten Süden der Bucht wird das reizvolle Bild durch den modernen Neubau des Hotels Lafodia gestört.

Leider wurde auf Lopud bislang nicht allzuviel getan, um die historischen Bauten zu retten. Doch zumindest das 1483 errichtete Franziskanerkloster **Gospe od Špilice** (unserer lieben Frau, s. S. 58) wurde von der Stiftung **Francesca von Habsburgs** (s. S. 57) aufwendig restauriert, sodass der Kreuzgang und der wunderschöne Medizinalgarten aus dem Mittelalter wieder zu Orten der Kontemplation geworden sind. Regelmäßige Kulturveranstaltungen tragen dazu bei, das Gemäuer wieder mit Leben zu füllen. Die **Klosterkirche Sv. Marija od Špilice** wurde aus Spenden der reichen Inselbewohner errichtet, deren Wappen zum Dank den Chor schmücken dürfen. Auf dem Altar thront eine gotische Muttergottes, das Tafelbild dahinter stammt von dem Venezianer Pietro di Giovanni (1523). Das kostbarste Stück der Ausstattung, ein Tafelbild des Dubrovnikers Nikola Božidarević, hängt heute im Franziskanerkloster in Dubrovnik.

Ein Bummel entlang der Obala Iva Kuljevana bringt den Besucher zum Museum von Lopud, das aber seit Jahren geschlossen ist. Eine Zisterne auf dem Vorplatz dokumentiert, wie die Wasserversorgung auf der Insel mangels eigener Quellen funktionierte. Auf dem Weg sieht man in zweiter Reihe die überaus malerische Ruine des **Rektorenpalastes**, in dem Ragusas **comes**, der regionale Verwalter, residierte. Die gotischen Triforienbögen sind noch wunderbar erhalten.

Ebenfalls nur noch eine Ruine ist das ehemalige **Haus des Miho Pracat**, eines berühmten und wohlhabenden Kapitäns aus dem 16./17. Jh., der seinen gesamten Besitz der Republik Ragusa für wohltätige Zwecke vermachte. Seine Büste im Rektorenpalast 9 war das einzige Denkmal, das Ragusa einer historischen Persönlichkeit errichten ließ. Auf seiner Heimatinsel Lopud erinnert eben diese Ruine, in der ein Kirchlein dem hl. Kreuz geweiht ist, an den Wohltäter.

EXTRATIPP

Kunst auf der Insel

Seit 1994 engagiert sich die Schauspielerin und Kunstsammlerin **Francesca von Habsburg** mit einer privaten Stiftung für die Restaurierung und den Erhalt von Kunst- und Architekturdenkmälern in Dubrovnik und Umgebung. Unter anderem unterstützte sie auch die Renovierung von Lopuds Franziskanerkloster (s. S. 58). Durch diesen Kontakt wurde das Inselstädtchen Standort eines spektakulären Projekts des isländischen Künstlers **Olafur Eliasson** und des in Tansania geborenen britischen Architekten **David Adjaye.** Die Thyssen-Bornemisza Art Contemporary hatte den beiden die Aufgabe gestellt, ein „experimentelles ‚Environment' zu konzipieren, in welchem Kunst und Architektur von Beginn an als ‚verschmelzende Gleichung' verstanden würde", wie sie auf ihrer Website erklärt. Das Ergebnis, der **Kunstpavillon Your black horizon,** wurde auf der Biennale in Venedig 2005 gezeigt und mit Unterstützung der Stiftung 2006 nach Lopud gebracht. Hier soll er „neue Möglichkeiten und Bedeutungen bei der Wahrnehmung der Landschaft eröffnen".

★15 **Kunstpavillon Your black horizon,** Lopud, geöffnet: Mitte Juni bis Ende September tägl. von 10–19 Uhr, Eintritt frei

Es lohnt sich, einen Bummel durch den **Park der ehemaligen Sommervilla Đorđić (heute Đorđić-Mayneri)** zu unternehmen, in dem viele Pflanzen aus entlegenen Winkeln der Welt gedeihen. Das Herrenhaus selbst ist nur noch Ruine. Ein Stück weiter machen die hohen Palmen an der Uferpromenade schon von Weitem auf das **Dominikanerkloster** aufmerksam, das Ende des 15. Jh. nahezu zeitgleich mit dem Franziskanerkloster errichtet wurde. Zum Schutz der Bevölkerung vor Angriffen erhielt es den hohen Kirchturm, von dem aus Alarm geschlagen wurde, wenn Gefahr drohte – so wie 1571, als die Elafitischen Inseln von den Osmanen geplündert und viele Bewohner verschleppt wurden. Das Kloster ist verfallen und seine Kirche Sv. Nikola schmückt eine elegante Rosette mit Akanthusblättern. Deprimierend wirkt die östlich angrenzende Anlage des **Hotel Grand,** das in den 1930er-Jahren im Bauhausstil errichtet und in der sozialistischen Ära umgebaut wurde. Architekt des Hotels war der aus Serbien stammende Nikola Dobrović.

Die sichelförmige Bucht schwingt hier nach Westen zum **Kap Benešin Rat.** Am Hotel Lafodia vorbei führt ein von Bougainvillea, Jasmin, Pinien und Johannisbrotbäumen gesäumter Spazierweg zu einem Aussichtspavillon mit Meerespanorama und Blick auf die Nachbarinsel Šipan.

Wie auf Koločep lässt es sich auch auf Lopud wunderbar wandern. Zum Beispiel einen steilen, teils auf Treppen verlaufenden Weg hinauf zur „Spanischen Festung" **Španjola** (utvrda Sutvrač) auf dem 204 m hohen Gipfel Polačića. Auf dem Weg zum 1563 errichteten Wehrbau kommt man an zwei altkroatischen Kirchen vorbei: Sv. Ivan Kristelj aus dem 9. Jh. in Ivanje Brdo (der Abzweigung folgen) sowie Sv. Luka. Von Sv. Ivan eröffnet sich genau wie von der Festung ein schöner Panoramablick.

Entweder direkt von Lopud aus (etwa 1 km) oder auf dem Rundweg über Španjola und dann weiter nach Südosten gehend erreicht man die Ostküste und hoch über ihr das bedeutendste Gotteshaus Lopuds, **Gospa od Šunja.** Die im 15. Jh. erbaute Kirche soll eine Vorgängerin gehabt haben, die ein Adeliger der Mailänder Familie Visconti nach seiner Errettung aus Seenot hier im 11. Jh. errichten ließ. Das Visconti-Wappen, eine Schlange, aus deren Maul ein nacktes Kind schaut, schmückt die Kirche und fand auch als Stadtwappen von Lopud Verwendung. Legenden bringen die Kirche auch mit dem Wohltäter Miho Pracat in Verbindung. Er soll die zwölf lebensgroßen Apostelfiguren gestiftet haben, die den Hauptaltar schmücken – angeblich stammen sie aus der Westminster Abbey.

Sehenswert ist auch der **Friedhof**, auf dem Verstorbene ab 1808 beigesetzt wurden. Nicht weit entfernt erinnert eine modernistische **Gedenksäule** – die Handschrift des Hotel-Grand-Architekten Nikola Dobrović ist unverkennbar – an den tschechischen Schriftsteller und Insel-Stammgast **Viktor Dyk**, der 1931 auf Lopud verstarb. Er hatte sich durch die Finanzierung des Hotels Grand und die Anlage des Weges von Lopud an die Šunj-Bucht Verdienste um die Insel erworben.

Von der Kirche führt der Weg hinunter in die **Šunj-Bucht**, Lopuds berühmten Sandstrand. Von früheren „wilden" Zeiten kann man heute nur noch träumen. Tagesbesucher werden auf Golfcarts hierher gefahren, man kann Sonnenschirme und Liegestühle mieten und eine kleine Taverne serviert Getränke und Speisen. Dennoch zählt dieser ganz flach abfallende Strand zu den schönsten Kroatiens. Wegen des flachen Wassers eignet er sich wunderbar für Familien mit kleinen Kindern.

Wer nicht auf dem direkten Weg zurückkehren möchte, dem sei die Tour über die Anhöhe des **Feram** (197 m) entlang der **Westküste** empfohlen, einer Steilküste mit immer neuen Ausblicken auf das vorgelagerte Sv. Andrije, das ehemalige Korallenrevier der Koločeper Fischer. Die Route endet am Benešin Rat oberhalb des Lafodia-Hotels.

› Abfahrt des Jadrolinija-Postschiffs nach Koločep, Lopud und Šipan werktags viermal, Sonntag zweimal (Juli/Aug. viermal) täglich, Fahrtzeit bis Lopud 55 Min., Abfahrt der Autofähre nach Lopud und Suđurađ zwei- bis dreimal in der Woche, Fahrtzeit 1 Std., www.jadrolinija.hr

★16 **Franziskanerkloster (Lopud)**, Tel. 322123, www.lopud1483.com, geöffnet: Mai–Okt. 9–18 Uhr, Eintritt: 100 Kn

17 **Glavović** €€€, Obala Ivana Kuljevana, Tel. 759359, www.hotel-glavovic.hr, geöffnet: April–Okt., tägl. 9–24 Uhr. Das Restaurant des alteingesesssenen Familienhotels besitzt eine wunderbare Terrasse am Meer, auf der man stundenlang sitzen und den Wellen zuhören könnte. Auf der Karte geben Fisch und Meeresfrüchte den Ton an, die der Koch täglich frisch bezieht.

18 **Obala** €€€, Obala Ivana Kuljevana 18, Tel. 759170, www.obalalopud.com, geöffnet: Mitte April–Ende Sept. tägl. 10–24 Uhr. Direkt an der Uferpromenade am Meer gelegen ist das Restaurant allein schon wegen der Lage empfehlenswert. Auch Service und Essen sind hervorragend. Es gibt vorrangig (sehr frischen) Fisch.

› Am Strand von Lopud kann man **Kajaks** für Inselumrundungen mit oder ohne Führer mieten. Auch **Fahrräder** werden verliehen – angesichts der ruppigen Wege ist allerdings ein Mountainbike empfehlenswert.

Blick auf das Franziskanerkloster auf Lopud (s. oben)

38 Šipan ★★

Die dritte und mit 16,5 km² größte der bewohnten Elafiten war die Insel, auf der der Ragusaner Adel am ausgiebigsten baute und siedelte. Sie ist trotz der beiden Hotels in Suđurađ und Šipanska Luka touristisch noch wenig entdeckt.

Wie auch Koločep 36 und Lopud 37 ist Šipan auf der Länge zwischen den beiden Hafenbuchten Šipanska Luka (Ost) und Suđurađ (West) von einem Karsttal, einer Doline, durchzogen. Diese fruchtbare Senke, *polje* genannt, ist das Ergebnis einer eingestürzten Karsthöhle, in der die über Jahrhunderte angewehte Erde eine ausgesprochen fruchtbare Bodenschicht bildet. Während das *polje* auf den Nachbarinseln wegen der geringen Größe keine landwirtschaftliche Rolle spielt, ist das **Šipansko polje** groß genug für effektiven Anbau. Entsprechend interessiert waren Ragusa und dessen Vorgänger an der Erschließung des Eilands.

Illyrische Grabhügel, eine römische *villa rustica*, byzantinische Münzen, awarischer Schmuck, altkroatische Kirchen – die **Belege für eine frühe Besiedlung**, wahrscheinlich bereits in griechischer Zeit, sind zahlreich. Ragusa nahm Šipan früh in Besitz, die erste Erwähnung stammt von 1371. Das Land wurde unter dem Ragusaner Adel aufgeteilt und die bis dato freien Bauern schufteten fortan für die Lehnsherren, denen sie üblicherweise die Hälfte der Erträge überlassen mussten. Wie genau das Arbeitsverhältnis definiert war, war von Lehnsherr zu Lehnsherr verschieden. Einige Pächter konnten relativ frei arbeiten, solange sie Abgaben entrichteten, andere besaßen eine Art Sklavenstatus und waren ihren Herren auf Gedeih und Verderb ausgeliefert – umso erstaunlicher, wenn man bedenkt, dass Ragusa 1416 als erster europäischer Stadtstaat die Sklaverei abgeschafft hatte. Hauptanbauprodukte waren Oliven, Wein

und Feigen. Šipan besaß einen eigenen *comes,* der unabhängig von der Verwaltung der beiden Nachbarinseln agierte. Rund 60 Adelssitze soll es im 14./15. Jh. auf Šipan gegeben haben. Heute sieht man größtenteils nur noch Ruinen.

Wer seinen Besuch Šipans in **Suđurađ** beginnt, wird bei der Einfahrt des Schiffes in die schmale Bucht begeistert sein. Steinhäuser säumen die Uferpromenade und dahinter türmen sich die Wehranlagen einer der wenigen, noch gut erhaltenen Ragusaner Sommervillen des **Palastes Stjepović-Skočibuha** (Ljetnikovci Stjepović-Skočibuha, s. S. 8) auf. **Tomo Stjepović-Skočibuha** war ein wohlhabender und einflussreicher Reeder, Kaufmann und Bankier. Bereits sein Vater hatte auf Šipan eine Werft betrieben, die der Sohn ausbaute, ebenso wie den Familiensitz in Suđurađ, der 1529 errichtet wurde. Eine Generation später, 1563, erweiterte Tomos jüngster Sohn Vice das Anwesen um ein eigenes Schlösschen, dem die Werft zum Opfer fiel. **Vice Stjepović-Skočibuha** wurde einer der wohlhabendsten Kaufleute Ragusas mit Handelsverbindungen in alle Teile Europas und des Osmanischen Reichs. Seine Knauserigkeit und sein Misstrauen waren legendär. Die Bücher führte er selbst, und noch am 26. Dezember 1588, dem Vorabend seines Todes, notierte er, dass seine Schwester ihm 10 Dukaten schulde.

Beide Skočibuhas verbrachten zwar die meiste Zeit in Ragusa, wo ein Palazzo im Stadtteil Pustijerna **14** an die Kaufmannsdynastie erinnert, trotzdem waren die beiden „Sommerhäuser“ auf Šipan **mit allem Komfort ausgestattet:** Wachtürme und zinnengekrönte Mauern schützten das Anwesen, zu dem ein Bootshaus, eine Kapelle, mehrere Terrassen, ein überdachter Aussichtspavillon, eine Mühle, eine Zisterne und eine Zugbrücke gehörten. Üppig bepflanzte Gärten lagen hinter den Mauern verborgen und die Wohn- und Empfangsräume in der ersten Etage waren mit wunderbar geschnitzten Holzdecken geschmückt. Nach Jahrzehnten des Verfalls wurde das Anwesen restauriert und teils mit historischen Möbeln ausgestattet. Besichtigungen gibt es es leider nur im Rahmen einer vorab angemeldeten Gruppenführung.

Der Platz vor dem Palast dient auch dem heutigen Suđurađ als Hauptplatz. Eine kleine **Loggia**, in der früher Gericht gehalten wurde oder in der Bittsteller auf den Herrn des Hauses zu warten hatten, führt in gleich zwei angebaute Kirchlein, die **Sv. Đurđa na moru** (1285) und die Kirche des Patrons der Seeleute, **Sv. Nikola** (16. Jh.). Die Mitte des Platzes ziert eine **Fahnenstange** zu Ehren des ersten kroatischen Königs Tomislav, der im 10. Jh. über herrschte. Wer durch den Ort bummelt, der nur aus wenigen Häusern besteht, wird auf Ruinen weiterer Sommervillen treffen.

Der Weiler **Pakljena**, 1 km in Richtung Norden, ist ein weiteres imposantes Beispiel dafür, wie sehr sich die Menschen auf der Insel bedroht gefühlt haben müssen. Das Benediktinerkloster wie auch die beiden Kirchen, Sv. Mihovil (11. Jh.) und Gospa od milosrđa (1332), sind von Mauern umgeben bzw. in die Festungsmauern integriert. Vom Wachturm Torretta konnten Angreifer früh erspäht werden. Rund 800 m nach Osten und bergab sind es von hier zur idyllischen **Bucht von Pakljena** mit Felsstrand und einem Bar-Restaurant, das in der Hochsaison geöffnet hat.

Fährt oder läuft man von Suđurađ direkt nach Nordwesten in Richtung Šipanska Luka, trifft man oberhalb des Ortes und zugleich am Beginn des fruchtbaren Tals Šipansko polje auf die **Wehrkirche Sv. Duh**, die wie die Sommervillen im 16. Jh. erbaut wurde. Ihr einziger Zweck ist angesichts der turmartigen Architektur sofort ersichtlich: Kontrolle und Abwehr. Sie zählt zu den ungewöhnlichsten Kirchenbauten in diesem Teil der Adria. Von der Kirche läuft man etwa eine Stunde durch das fruchtbare *polje* bis zum Hauptort Šipanska Luka an der Nordwestseite. Ragusaner Sommervillen in verschiedenen Stadien des Verfalls säumen den Weg oder lugen zwischen Büschen und Bäumen hervor, darunter der **Sommerpalast** des Ragusaner Erzbischofs **Lodovico Beccadelli** auf etwa der Hälfte der Strecke. Beccadelli ließ 1557 einen Renaissanceflügel an ein bereits bestehendes, älteres Anwesen anbauen, heute sind beide Ruinen.

Anders als Lopud und Koločep wird Šipan landwirtschaftlich intensiv genutzt, entlang des *polje* reiht sich Feld an Feld. Kurz bevor es von dem Hochtal nach **Šipanska Luka** hinuntergeht, ist noch der verfallene, *giardini* genannte Sommerpalast der Familie Sorkočević und am Ortseingang dann der Rektorenpalast **Knežev dvor** zu passieren. Letzterer wurde 1450 nach dem Vorbild des Palastes in Ragusa errichtet. Der Ort an der schmalen, tiefen Bucht wirkt überaus romantisch. Sein Zentrum beherrscht ein üppiger Park mit subtropischen Pflanzen, rundherum laden Cafés zur Rast und die beiden Arme der Bucht laden zu Spaziergängen, die fast automatisch an einem Felsstrand enden. Hier befindet sich auch eines der berühmtesten Restaurants Dalmatiens, Kod Marka („Bei Marko"). Es besitzt einen eigenen Schiffsanleger, was es zum Ziel Nummer eins für Segler und Bootfahrer macht. Abgesehen davon gilt seine Fischküche als exzellent.

› **Abfahrt des Jadrolinija-Postschiffs** nach Koločep, Lopud und Šipan werktags viermal, Sonntag zweimal (Juli/Aug. viermal) täglich, Fahrtzeit bis Suđurađ 1 Std. 15 Min., Abfahrt der Autofähre nach Lopud und Suđurađ zwei- bis dreimal in der Woche, Fahrtzeit 1 Std. 15 Min., www.jadrolinija.hr

19 Božica €€€, Suđurađ 13, 1 D, Tel. 325400, www.hotel-bozica.hr, geöffnet: April–Okt., tägl. 11–23 Uhr. Gute Inselküche und herrliche Lage – in diesem familiär geführten Hotelrestaurant stimmt alles. Auch Gäste, die nur auf einen Sonnenuntergangsdrink kommen, werden freundlich empfangen.

20 Kod Marka €€€€, Šipanska Luka, Tel. 758007, geöffnet: tägl. 11–24 Uhr (im Winter eingeschränkt). Das Lokal ist Kult, vor allem bei Seglern, die an Markos Kai anlegen und aus dem Boot direkt in die Konoba fallen. Der Wirt serviert ein Vier-Gänge-Menü, über das er nur spärliche Auskunft erteilt. Vertrauen Sie ihm, es schmeckt immer absolut köstlich!

★**21 Sommervilla Ljetnikovac Stjepović-Skočibuha**, Suđurađ, Tel. 758046, Mobil 091 1111444, www.dentalcentar marusic.hr, Besichtigung nur nach vorheriger Anmeldung

22 Tri Sestre €€€, Suđurađ 1 C, Tel. 758087, geöffnet: Mai–Sept. Die „Drei Schwestern" punkten mit aussichtsreicher Lage über dem Ort und der Bucht von Suđurađ. Spezialitäten sind Gerichte aus der Peka, hier *sansija* genannt. Unter der Eisenpfanne garen Lamm, Tintenfisch oder Kalb, zudem wird aromatischer Fischeintopf *brodet* serviert. Es gibt auch nette Fremdenzimmer.

39 Cavtat ★★★

In dem reizenden Städtchen an einer tiefen, geschützten Bucht begann wahrscheinlich bereits im 3. Jh. v. Chr. Dubrovniks Geschichte. Das antike Epidaurum war eine der vielen Kolonien Roms an der ostadriatischen Küste.

Wie die Schere eines Krebses ragen die beiden Halbinseln nördlich und südlich von Cavtat weit ins Meer und schaffen so eine Bucht, die sowohl vor den gefürchteten Winden aus dem Norden, als auch aus dem Süden geschützt ist. Dass römische Seeleute und Siedler diese Lagen schätzten, ist verständlich. Ob sich vor ihnen bereits Griechen an der Bucht niedergelassen haben, wie vielfach behauptet, ist hingegen umstritten.

228 v. Chr. ist die erste belegbare Jahreszahl für die Existenz von **Epidaurum.** 47 v. Chr. wurde es von Verbündeten des Pompeius angegriffen, der die Caesar ergebene Garnison vernichten wollte. Plinius der Ältere beschrieb Epidaurum im 1. Jh. als römische Kolonie. Von der antiken Siedlung blieben kaum Spuren, von den **Handelsschiffen,** die entlang der Küste Güter transportierten, umso mehr: In den Gewässern vor Cavtat sind mehrere Schiffe untergegangen und haben ihre **Amphorenlast** auf dem Meeresboden verteilt. Ein weiteres römisches Relikt ist die **Wasserleitung** (Aquädukt), die Cavtat versorgte. Unter ihrer slawischen Bezeichnung *kanal* verlieh sie dem gesamten Hinterland, dem fruchtbaren **Konavle-Tal,** seinen Namen. Epidaurums Geschichte endete irgendwann zwischen dem 5. und dem 7. Jh., als sich slawischstämmige Volksgruppen in der Region ausbreiteten und die Stadt angriffen. Ob die aus Epidaurum Vertriebenen nach und nach gen Norden zogen, bis sie schließlich auf der Felsinsel, dem späteren Ragusa, Fuß fassten, oder ob es sich um eine zielgerichtete Flucht der gesamten Stadtbevölkerung handelte, wie die Gründungslegende Ragusas nahelegt, ist unter Historikern ähnlich umstritten wie die griechische Herkunft. Im 7. Jh. bestand Epidaurum jedenfalls nicht mehr als von romanischsprachigen Menschen bewohnte Siedlung. In den Fokus der Geschichte gerät es dann wieder im 14. Jh., als der Ragusaner Adel an der schönen Bucht damit begann, Sommervillen zu bauen. Aufgeteilt in 25 gleich große, dem römischen Kataster entsprechende Parzellen wurde das Land den 25 verdientesten Ragusaner Adelsfamilien überlassen, die darauf ihre Villen errichteten.

Cavtat (2153 Einwohner), angeblich eine Abkürzung von *Civitas Vetus* („alte Stadt"), präsentiert sich heute als entspanntes **Flanier- und Badeziel.** In den alten Gassen und an der von hohen Palmen beschatteten **Uferpromenade Riva** herrscht ein eher beschauliches Flair. An den vielen Buchten der Umgebung kann man einen wunderbaren Strandurlaub verbringen und vor allem auch hervorragend **tauchen** – die **unterseeischen Amphorenfelder** sind nicht weit entfernt.

Die Architektur zwischen Gotik und Renaissance zeichnet den **Rektorenpalast** (Knežev Dvor) als typisch ragusanischen Bau aus. Mitte des 14. Jh. begann die Besiedlung des heutigen Cavtat durch Ragusa, 1420 kam die junge Gemeinde endgültig unter die Fittiche des Stadtstaats. Der Rektorenpalast war als Sitz des *comes* Symbol für die Verbundenheit mit der Mutterstadt. In seinen Räumen sind Exponate der Sammlung Bogišić, darunter zahlreiche Drucke und Gemälde, ausgestellt.

Cavtats barocke **Pfarrkirche Sv. Nikola** zeigt kaum Sehenswertes – die kostbaren Stücke (15.–20. Jh.) aus dem Besitz der Pfarrei, darunter Gemälde, Kreuze, Reliquiare, werden in der kleinen **Pinakothek** gleich nebenan aufbewahrt. Ein prominenter Bürger Cavtats war der Maler **Vlaho Bukovac** (1855–1922), dessen Wohnhaus heute ebenfalls als **Museum** dient. Mobiliar der Epoche, persönliche Gegenstände und vor allem Gemälde erinnern an den Künstler, dessen Werk zwischen Impressionismus und Jugendstil changiert.

Wenn die Kirche des Franziskanerklosters **Samostan Gospe od snjega** geöffnet ist, sollte man einen Blick in das Ende des 15. Jh. erbaute Gotteshaus werfen, denn sie birgt zwei kunsthistorische Schätze: eine anrührende Jungfrau mit Kind über dem Hauptaltar (1494) und ein dem hl. Michael gewidmetes Polyptichon über einem Seitenaltar, das Vicko Dobričević 1510 anfertigte.

Ein Treppenweg führt auf eine Anhöhe über Cavtat zum kleinen Friedhof mit dem **Račić-Mausoleum**, das Ivan Meštrović 1922 für eine wohlhabende Reederfamilie errichtete. Deren Einfluss reichte so weit, dass der Bischof von Dubrovnik dem Abriss einer aus dem 15. Jh. stammenden Kapelle zustimmte, die davor den Hügel krönte. Das marmorne Grabmal ist mit zahlreichen Plastiken, Mosaiken, bronzenen Türen und einem Bronzeengel auf der Kuppel geschmückt.

★23 **Pinakothek in Cavtat,** Ulica Sv. Nikole 3, Tel. 478249, geöffnet: Juni–Okt. Mo–Sa 10–13, 16–19 Uhr, Eintritt: 20 Kn

KURZ & KNAPP

Epidauros/Epidaurum

Viele, auch die Ragusaner Ratsherren, leiteten den römischen Namen **Epidaurum** von einer griechischen Vorgängersiedlung namens **Epidauros** und damit der gleichnamigen **Kultstätte des Gottes Äskulap** ab. Der griechische Gott der Medizin wurde in der Antike allerdings nicht im (heute) kroatischen Epidaurum, sondern in Epidauros auf dem Peloponnes verehrt. Durch diese Bezugnahme auf das antike Epidauros umgaben die Dubrovniker Ratsherren das wenig mythische, sondern eher geschäftsmäßige Ragusa mit dem Nimbus einer in der griechischen Antike verankerten Legende. Um die **griechischen Wurzeln** zu betonen, wurde sogar eines der Kapitelle am Rektorenpalast 9 mit einer Szene aus Äskulaps Leben und Wirken geschmückt. Heute sind sich die damit befassten Wissenschaftler ziemlich sicher, dass Epidaurum keine griechische Vorgängerin hatte und dass sich der griechisch klingende Name von einer **illyrischen Bezeichnung** ableitet, die in etwa **„hinter den Wäldern“** bedeuten könnte.

★24 **Račić-Mausoleum,** geöffnet: April–Okt. Mo–Sa 10–17 Uhr, Eintritt: 20 Kn

★25 **Rektorenpalast in Cavtat (Knežev Dvor),** Dr. Ante Starčevića 1, Tel. 478556, geöffnet: April–Okt. Mo–Sa 9.30–14, im Winter Mo–Fr 9–14 Uhr, Eintritt: 20 Kn

★26 **Samostan Gospe od snjega**

27 **Vlaho-Bukovac-Museum,** Bukovčeva 5, Tel. 478646, www.kuca-bukovac.hr, geöffnet: Nov.–März Di–Sa 8–18, So 9–12, Mai–Okt. Mo–Sa 9–18, So 9–14 Uhr, Eintritt: 30 Kn

EXTRATIPP

Zu Fuß nach Čilipi

Ein rund 8 km langer, weitgehend eben verlaufender **Wanderweg**, der grob der Küstenlinie folgt, führt von Cavtat über Mečajac und Močići nach Čilipi 40. Unterwegs sieht man zahlreiche Steinkreuze auf den Feldern, die Fruchtbarkeit beschwören. Immer wieder zweigen Pfade zu den Klippen ab, an deren Fuß sich idyllische Badebuchten verstecken. In Mečajac, auf der Anhöhe Dikličevoj glavica, ist ein **Mithräum,** ein römisches Heiligtum für den persischen Gott Mithras, zu besichtigen. Ein behauener Stein in einem Felsrund zeigt das charakteristische Motiv von Mithras, der einen Stier opfert. Einzig störendes Element ist der nahe Flughafen, der allerdings nicht allzu häufig angeflogen wird.

Ein Faltblatt mit der genauen Beschreibung der Wanderung ist bei der Tourist-Info in Cavtat erhältlich; alternativ kann man sich den Routenverlauf von https://de.wikiloc.com/wikiloc/view.do?id=14101475 herunterladen. Empfehlenswert ist es, die Wanderung in Čilipi zu beginnen und sie gegenläufig nach Cavtat zu gehen, denn dort ist der Einstieg einfacher zu finden.

Kulinarisches

28 Ancora €, Obala Ante Starčevića 22, Tel. 478417, www.ankoracavtat.com, geöffnet: tägl. 7–2 Uhr. Die Café-Bar am Wasser ist ideal für ein leichtes Mittagessen oder Snacks zum Aperitif. Spezialität sind kroatische Tapas, beispielsweise Fischhäppchen, die mit verschiedenen Olivenölen serviert werden.

29 Bugenvila €€€, Obala Ante Starčevića 9, Tel. 479949, http://bugenvilla.eu, geöffnet: tägl. 9–23.30 Uhr. Das Restaurant am Hafen begeistert trotz seiner sehr touristischen Lage mit exzellenter mediterraner Küche und großer Kreativität.

30 Taverna Galija €€, Vuličevićeva 1, Tel. 478566, www.galija.hr, geöffnet: tägl. 11–24 Uhr. Dass das Galija nicht unmittelbar am Wasser liegt, gleicht es mit besserer Küche aus: Das Essen wird kreativ und fantasievoll zubereitet, die Portionen sind gelinde gesagt großzügig und der Service ist ausnehmend aufmerksam. Neben der Kirche sitzt man so friedlich, dass man den Rummel am Wasser überhaupt nicht vermisst.

Aktivitäten

S31 Epidaurum Diving & Water Sports Center, Šetalište Žal, beim Hotel Epidaurus, Mobil 098 427550, www.epidaurum.com. Tauchkurse und Tauchexkursionen, u. a. zu zwei der größten antiken Schiffswracks der Adria und zu einem Amphorenlager, dessen antiker Fracht man ganz nahe kommen kann. Zudem können die reiche Unterwasserfauna und -flora, Höhlen und Wände entdeckt werden.

S32 Sea Kayaking Cavtat, Strand Kamen Mali, www.sea-kayaking-cavtat.com, Mobil 098 802442. Mit Kajaks erkundet man unter kompetenter Führung die buchtenreiche Küste und die Cavtat vorgelagerten Inselchen – ein stilles, entspanntes Vergnügen! Mario und Marko verleihen auch Kajaks und helfen gerne mit Tipps weiter.

40 Čilipi und das Konavle-Tal ★

Das Tal im Hinterland von Dubrovnik und Cavtat ernährte die Stadtrepublik. Fruchtbare Böden und mildes Klima schenken ihm ertragreiche Ernten.

Im Osten begrenzt durch den Höhenzug der Sniježnica (1234 m), im Westen durch das Adriatische Meer zieht sich das ca. 25 km lange Konavle-Tal als immer schmaler werdendes Band von Cavtat 39 im Nordwesten bis zur Grenze zur Republik Montenegro an der Halbinsel Prevlaka, wo das kroatische Territorium nur noch knappe 3 km breit ist. Benannt ist das Konavle-Tal nach dem **römischen Aquädukt**, das Cavtat mit Wasser versorgte und von den Einheimischen *kanal* genannt wurde. Ragusa kam Anfang des 15. Jh. durch Kauf in Besitz der fruchtbaren Region, die maßgeblich zur Versorgung der Stadt mit Lebensmitteln beitrug. Noch heute werden Oliven, Zitrusfrüchte, Wein und Gemüse angebaut. Die etwa 9500 Bewohner des Landstrichs teilen ihr Tal in den **Küstenbereich Donja Banda** und das **Hinterland Gornja Banda**. Eigentümlicherweise liegen nur zwei der 33 Ansiedlungen im Konavle-Tal direkt am Meer: Cavtat und das Fischerdorf Molinat ganz im Süden.

Die Region hat im Jugoslawienkrieg 1991/92 besonders gelitten. Dörfer und Felder wurden verwüstet, viele Einwohner vertrieben. Immer wieder trifft man auf verbrannte oder von Einschüssen beschädigte Ruinen und in unwegsamem Gelände besteht nach wie vor die Gefahr, auf **Minen** zu treten. **Von Wanderungen abseits der Hauptrouten** sollte man deshalb im Konavle-Tal besser **absehen.**

Kultur und Traditionen der Konavle-Bewohner präsentiert ein kleines Heimatmuseum im Dorf **Čilipi:** Im **Zavičajni muzej Konavla** am Hauptplatz gegenüber der **Kirche Sv. Nikola** sind vor allem die ausgestellten Trachten und kostbaren Stickarbeiten sehenswert, die die Frauen und Mädchen der Region traditionell mit Seidenfäden ausführen.

33 Zavičajni muzej Konavla, Beroje 49, Tel. 772249, geöffnet: April–Okt. Di–Sa 9–19, So 9–14, im Winter Di–Sa 9–18, So 9–12 Uhr, Eintritt: 25 Kn

Bohlenwege führen durch die wasserreiche Landschaft beim Ausflugslokal Konavoski Dvori (s. S. 66)

050du Abb.: nk

EXTRATIPP

Čilipi tanzt

Ein Augen- und Ohrenschmaus sind die Tanzvorführungen der **Folkloregruppe Lindo** aus dem Konavle, die zwischen Ostern und Ende Oktober jeden Sonntag um 11.15 Uhr nach dem Gottesdienst vor der Kirche Sv. Nikola stattfinden. Die Tänzer und Tänzerinnen in traditioneller Tracht zeigen verschiedene Tänze, darunter auch den Hochzeitstanz des Konavle. Begleitet werden sie von Musikern, die auf althergebrachten Instrumenten spielen, und vom melancholischen A-capella-Gesang der Klapa Čilipi. Im Umfeld der Veranstaltung zeigen und verkaufen Konavle-Bewohner traditionelles Kunsthandwerk, darunter auch die kostbaren Seidenstickereien (Eintritt mit Museumsbesuch: 50 Kn).

Etwa 12 km südöstlich von Čilipi präsentiert sich die Gegend um das Dörfchen **Ljuta** am gleichnamigen Karstfluss besonders idyllisch: Früher trieb der Fluss zahlreiche **Wassermühlen** an, in denen Getreide gemahlen, Oliven gepresst und Wollstoffe für die Wintertrachten des Konavle gefilzt wurden. Das Mühlwesen an der Ljuta war einer der vielen im Umland Ragusas angesiedelten Wirtschaftszweige, mit denen sich die Stadtrepublik versorgte. Zur Blütezeit soll es alleine an der Ljuta mindestens 15 Mühlen gegeben haben.

Wie die Mühlen funktionierten, kann man an zwei restaurierten Anlagen unweit des Restaurants Konavoski Dvori sehen: In einer wird Mehl gemahlen, in der zweiten Filz geklopft. Die mächtigen Mühlsteine wurden aus Griechenland herantransportiert, da sich der örtliche Kalkstein nicht eignete. Der Müller behielt für seinen Dienst fünf Prozent des Mahlguts als Provision ein. Zwischen April und Oktober sind die Mühlen für Besuchergruppen in Betrieb. Individualreisende können sich einer Führung anschließen (Auskunft im Restaurant).

Auch das beliebte Ausflugsrestaurant **Konavoski Dvori** selbst residiert in einer ehemaligen Mühle. Seine Spezialität sind Gerichte aus der *peka*, einer Art Eisenpfanne mit Deckel, in der das Fleisch (meist Lamm) zusammen mit Kartoffeln oder Gemüse in der Glut gegart wird.

5 km östlich von Ljuta wachen die massigen Mauern des **Turms von Sokol** über den Gebirgspass Richtung Bosnien. Bereits Illyrer und Römer wussten die exponierte Lage zu schätzen. Das kleine Museum und der fantastische Blick über die Küste und das Gebirge lohnen die Anfahrt. Beim Anstieg sind allerdings einige Treppen zu bewältigen (im Sommer gibt es im Café Erfrischungen).

★34 **Sokol Grad,** Tel. 638800, http://citywallsdubrovnik.hr, geöffnet: April/Mai 10–18, Juni–Okt. 10–19, Nov. 10–16, sonst 12–15 Uhr, Eintritt: 70 Kn

Kulinarisches

35 **Konavoski Dvori** €€, Ljuta, Pridvorje, www.esculaprestaurants.com, Tel. 791039, geöffnet: Sommer tägl. 11–23 Uhr. An heißen Sommertagen ist die Lage an der munter plätschernden Ljuta besonders angenehm. Spezialitäten sind Lamm oder Kalb aus der *peka*. Es gibt aber auch eine breite Auswahl an Fischgerichten. Obwohl das Restaurant an den Wochenenden häufig mit Ausflüglern überlaufen ist, bleiben Service und Küche flink und kompetent.

36 **Konoba Vinica** €€, Donja Ljuta 44, Pridvorje, www.konobavinica.com, Tel. 099 2152459, geöffnet: Di–So 11–23 Uhr. Das Gasthaus der Familie Monković lockt mit einem ähnlichen Angebot wie das Konavoski Dvori, nur kleiner und überschaubarer.

Aktivitäten

37 **Cadmos Village**, Komaj, Tel. 091 1129200, www.cadmosvillage.com, Mo–Fr 13–19, Sa/So 10–19 Uhr, nur nach telefonischer Anmeldung oder online. Hochseilpark mit Zip-Lines, Paintball, Radeln etc. **Freeclimbing:** An den Kletterfelsen oberhalb der Dörfer Mihanići und Pridvorje locken 28 Routen von 4a bis 7c+. Klettertouren unter Anleitung erfahrener *climber*. Preise je nach Aktivität.

38 **Kojan Koral,** Popovići, Gruda, Mobil 099 3005001, https://kojankoral.com. Auf dem professionell geführten Reiterhof kann man Halbtagesausritte durch das Konavle-Tal bis hin zur Felsküste unternehmen (ca. 11 km, 2,5 Std., 650 Kn). Auch Anfänger sind willkommen.

DUBROVNIK ERLEBEN

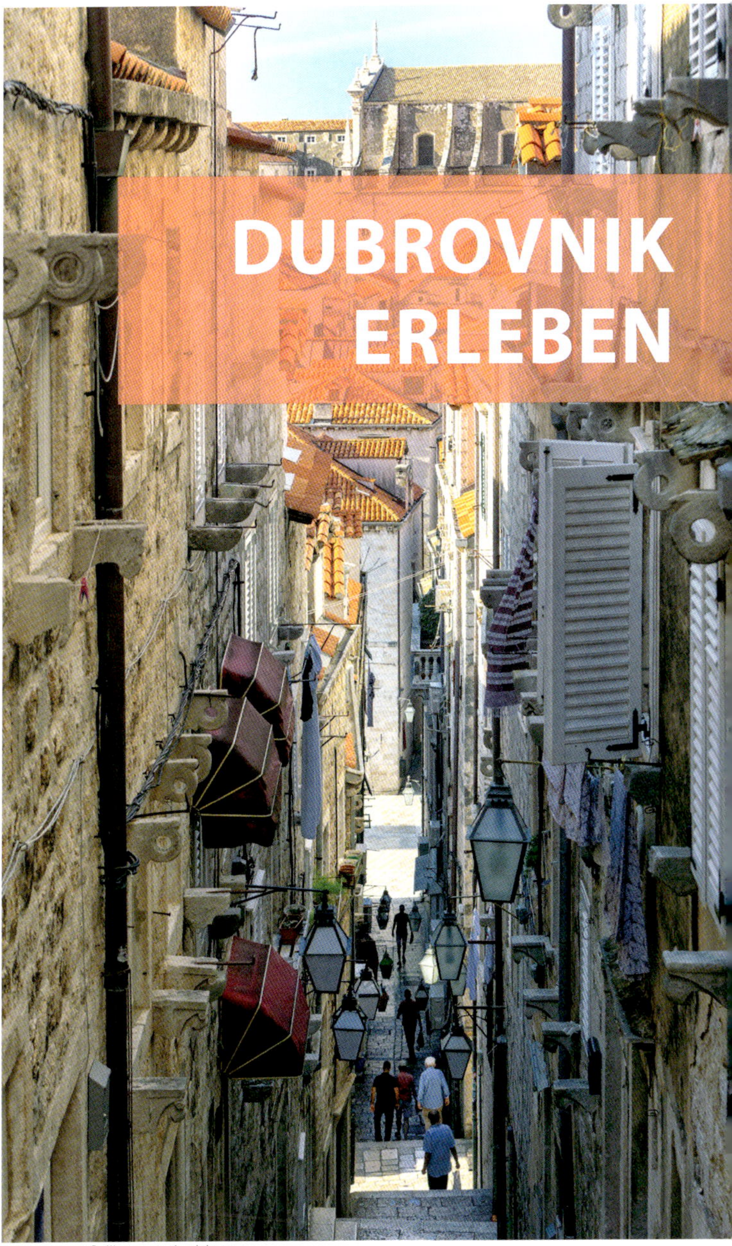

080du Abb.: as©pillerss - stock.adobe.com

018du Abb.: nk

Dubrovnik für Kunst- und Museumsfreunde

Dubrovnik ist **Gesamtkunstwerk** und **Open-Air-Museum** in einem, eine Stadt, deren gesamte Anlage und Befestigung einem genau durchdachten Plan entsprach. Dabei legte der Rat allerdings weniger Wert auf repräsentative Bauten als auf Funktionalität und Einheitlichkeit. In der **Stadtrepublik Ragusa**, der historischen Vorgängerin des heutigen Dubrovnik, war es verpönt zu prunken, und so sind selbst die wenigen auffälligen Bauten von erstaunlicher Zurückhaltung. Herausragende Beispiele hierfür sind der **Sponza-** 6 und der **Rektorenpalast** 9. Als Inbegriff barocker Prachtentfaltung des historischen Ragusa gilt die **Kirche des Stadtpatrons Sv. Vlaho** 8. **Zeitgenössische Kunst** gibt es in Dubrovnik – abgesehen von einigen Skulpturen – nur in Galerien und Museen. Hier hat die **Kunstgalerie** 29 eine Vorreiterrolle. Die durchaus vorhandene und rege **Kulturszene** organisiert allerlei Ausstellungen und Events, von denen sich aber viele mangels kroatischer Sprachkenntnisse Fremden nicht erschließen. Das aktuelle Kulturprogramm, das unter www.tzdubrovnik.hr zu finden ist, listet solche Ereignisse auf.

Architektur und Festungsbau

Dubrovniks Architektur ist mindestens ebenso sehr von dem Bedürfnis nach Sicherheit geprägt wie von dem Wunsch nach Schönheit. So verwundert es nicht, dass die Baumeister, die in der Stadtrepublik Ragusa tätig waren, sowohl die Kunst des Dekors als auch die der Verteidigung bestens beherrschten. Einer dieser Universalgenies war der aus Neapel stammende **Onofrio della Cava**, des-

Vorseite: Die steil ansteigenden Nebengässchen machen den Charme der Altstadt aus

Der wunderbare gotische Kreuzgang des Dominikanerklosters 18

sen Lebensdaten nicht überliefert sind und der wohl um 1455 starb. Um 1435 war er in Ragusa mit dem Neubau des Rektorenpalastes beschäftigt, der einer Explosion des darin gelagerten Pulvers zum Opfer gefallen war. Obwohl die Ära der Renaissance längst angebrochen war, verpflichteten ihn die Ratsherren, die Loggia, die überwölbte Vorhalle des Palastes, im Stil der Gotik zu entwerfen, während ihre von Säulen gestützten Bögen ein wunderbares Beispiel des Rennaissancestils darstellen. Della Cavas eigentliches Werk aber war der Bau einer mehr als 11 km langen Wasserleitung von einer Karstquelle an der Župa Dubrovačka in die Stadt. Als Wasserreservoir errichtete er den Großen Onofrio-Brunnen und mehrere kleinere Versorgungsstationen.

Ab 1461 arbeitete der große **Michelozzo di Bartolommeo** (1396–1472) aus Florenz in Ragusa. Die Aufgabe des erfahrenen Baumeisters, der zahlreiche berühmte Palazzi für die Medici errichtet hatte, lautete, die Mauern zu verstärken, was ihm mit dem Bau des Minčeta-Turms und der Festung Bokar auch gelang. Seine Pläne für die Wiederherstellung des erneut in die Luft geflogenen Rektorenpalastes lehnte der Rat der Stadt ab – Michelozzo hatte beschlossen, auf gotische Elemente zu verzichten und einen moderneren Entwurf vorgelegt. Nach weiteren Auseinandersetzungen wurde er 1464 durch **Juraj Dalmatinac** (1410–1475) ersetzt, der auch unter seinem italienischen Namen Giorgio di Sebenico bekannt war. Dalmatinac baute die Festung Lovrijenac aus und beendete den Minčeta-Turm nach neuesten kriegstechnischen Erfordernissen. Noch zweihundert Jahre später verglich der türkische Reisende Evlya Çelebi diese uneinnehmbare Bastion in einem Buch mit dem Turm von Babylon. Dalmatinac blieb nur ein Jahr und überließ seinen Posten dann dem gebürtigen Dubrovniker **Paskoje Miličević** (um 1440–1516), der bis zu seinem Tod im Dienste der Stadtrepublik ebenso für den militärischen Ausbau des Hafens, das Pile-Tor und verschiedene Brücken verantwortlich zeichnete wie für die Eleganz des Sponzapalastes und der Sakristei der Franziskanerkirche. Als bildender Künstler, der zugleich in ganz Europa berühmte Kanonen und Glocken goss, ist **Ivan Rabljanin** (1470–1540) zu nennen. Seine beiden Glockenmänner „Zelenci“, heute im Rektorenpalast ausgestellt, sind ebenso Meisterwerke wie die berühmte Kanone „Gušter“ im Fort Lovrijenac.

Ein Künstler-Star

Der international bekannte, kroatische Bildhauer **Ivan Meštrović** (1883–1962) ist in fast jeder größeren Stadt mit einem seiner monumentalen Werke vertreten – in Dubrovnik gerieten seine Arbeiten eher klein. Von Meštrović stammen der hl. Blasius über dem inneren Pile-Tor 22 und die Statue des Schriftstellers Marin Držić (1508–1569) vor dem Rektorenpalast 9. Letztere ist trotz der geringen Größe insofern ein typischer Meštrović, als sie die markanten Züge des Bühnenautors betont.

Klassische Moderne und zeitgenössische Kunst

Drei für Dubrovniks Kulturszene bedeutende, moderne Künstler, **Ivo Dulčić, Antun Masle und Đuro Pulitika**, werden in der nach ihnen benannten Galerie 10, auch unter dem

Namen Ronald-Brown-Gedenkhaus bekannt, gewürdigt. Auch das Atelier Đuro Pulitikas im Fort Sv. Ivan ⓭ steht zur Besichtigung. Zeitgenössische Künstler haben sich in der **Art radionica Lazareti** (s. S. 72) zusammengeschlossen und veranstalten regelmäßig Ausstellungen und Performances in den Galerien Otok und Scena Karantena auf dem Gelände der Lazareti ㉗. Kunstgalerien kommen und gehen, die wenigsten zeigen ein wirklich anspruchsvolles Programm.

Museen

› **Archäologische Sammlung, Festung Revelin** ㉔. Die Ausstellungsstücke entführen in die Frühzeit Dubrovniks, also in jene Epoche, als die Siedlung auf der Felsinsel zur mächtigen Handelsstadt anwuchs (s. S. 38).

⓲ [E2] **Dominikanerkloster.** Ein Kreuzgang zwischen Gotik und Renaissance und ein Museum, in dem man Meisterwerke Dubrovniker Malerei bewundern kann, darunter Nikola Božidarevićs berühmtes Triptychon aus dem Jahr 1513, auf dem der hl. Blasius ein Modell Ragusas vor dem Erdbeben in Händen hält (s. S. 31).

⓰ [B3] **Ethnographisches Museum Rupe.** Hier wird nicht die Kultur des Adels, sondern die des einfachen Bürgers, Fischers oder Bauern dokumentiert. Arbeitsgerät, Volkstrachten, Musikinstrumente und Möbel erklären den Alltag in Ragusa und den ländlichen Regionen, die zur Stadtrepublik gehörten (s. S. 30).

⓭ [E4] **Fort Sv. Ivan** (s. S. 28). Im Aquarium tummeln sich Fische und Meeresgetier des Adriaraums. Sonderausstellungen beleuchten thematische Schwerpunkte. Das Maritime Museum widmet sich den vielen verschiedenen Aspekten der Schifffahrt aus historischer wie auch aus aktueller Sicht. Das Studio des expressionistischen Dubrovniker Malers Đuro Pulitika in der St.-Ivan-Festung wirkt, als sei der Künstler nur kurz weggegangen. Ein Großteil seiner Werke hängt allerdings in der Kunstgalerie ㉙.

❸ [C2] **Franziskanerkloster.** Ein wunderschöner, spätromanischer Kreuzgang mit zierlichen Doppelsäulen, deren Kapitelle Fabelwesen schmücken, umrahmt einen idyllischen Garten. Die Apotheke des Klosters gilt als die älteste noch in Dienst befindliche Europas. Im Museum werden Kostbarkeiten wie Predellen, Monstranzen und Reliquiare gezeigt (s. S. 17).

❿ [D3] **Galerija Dulčić, Masle, Pulitika.** Die Galerie ist auch unter dem Namen Ronald-Brown-Gedenkhaus bekannt und präsentiert die Werke dreier Maler des 20. Jh. aus dem Raum Dubrovnik (s. S. 26).

⓱ [C3] **Ikonenmuseum.** Da Dubrovnik auch Sitz einer serbisch-orthodoxen Gemeinde ist, erklärt sich die Existenz des kleinen, aber mit kostbaren Stücken ausgestatteten Ikonenmuseums (s. S. 31).

⓬ [D4] **Kathedrale Mariä Himmelfahrt.** Obwohl ein Teil des Kirchenschatzes beim verheerenden Beben von 1667 verlorenging, ist der Rest überaus eindrucksvoll. Die vielen Reliquiare wurden von Dubrovniker Goldschmieden gearbeitet, deren Ruf legendär war (s. S. 28).

㉙ [ej] **Kunstgalerie** (s. S. 43). Klassische Moderne und auch zeitgenössische Werke präsentiert das Kunstmuseum, das in einem funktionalen, modernen Bau residiert. Ein Schwerpunkt sind Werke des impressionistischen Malers Vlaho Bukovac (1855–1922).

㉚ [ei] **Museum des Unabhängigkeitskampfes.** Das Museum auf dem Berg Srđ erinnert an den verzweifelten Kampf der Dubrovniker gegen die Belagerung und den Beschuss der Stadt durch serbische und montenegrinische Truppen 1991/1992 (s. S. 43).

🏛39 [C3] **Museum Marin Držić**, Široka ulica 7, Tel. 323242, http://muzej-marindrzic.eu, Mo 10–18, Di–So 9–22, im Winter Di–So 9–20.30 Uhr, Eintritt: 130 Kn (Museum-Sammelticket s. S. 16), Marin Držić, der Renaissancepoet, dessen von Ivan Meštrović angefertigte Statue vor dem Dubrovniker Theater steht, hat in diesem Haus gelebt und gearbeitet. Die Ausstellung beleuchtet sein Werk – allerdings erschließt sie sich ohne Kenntnis der kroatischen Sprache kaum. Gleich daneben und mit dem Haus verbunden erhebt sich die kleine Kirche St. Dominus. Sie wurde im 16. Jh. errichtet und nach dem Erdbeben barock wiederaufgebaut.

🏛40 [D4] **Naturkundemuseum**, Androvićeva 1, Mo–Sa 10–18 Uhr, 130 Kn (Museum-Sammelticket, s. S. 16). Das Dubrovniker Naturkundemuseum zählt sicher nicht zu den „Must-sees" der Adriastadt, doch wer sich für das Thema interessiert, findet hier eine zwar etwas antiquierte, aber dennoch durchaus interessante Ausstellung zur Tier- und Pflanzenwelt der Region.

❾ [D3] **Rektorenpalast.** Der Rektorenpalast präsentiert den architektonischen Stilmix von Gotik und Renaissance, der charakteristisch war für die Blütezeit Ragusas. Nachdem er mehrmals durch Explosionen des darin gelagerten Pulvers in Schutt und Asche gelegt worden war, kam bei Um- und Neubauten auch eine hübsche Prise Barock dazu, zu sehen z. B. an der Treppe in die erste Etage. Ausgestellt sind historisches Mobiliar und Gemälde, vorrangig von Dubrovniker Malern des 15./16. Jh. (s. S. 23).

❻ [D3] **Sponzapalast.** Architektonisch eine weitere gelungene Symbiose von Gotik und Renaissance und damit ein Sinnbild für den „Ragusa-Stil". In den Ausstellungsräumen um den Innenhof sind Dokumente aus den städtischen Archiven ausgestellt. Ein Gedenkraum erinnert an die Opfer der Belagerung 1991/1992 (s. S. 20).

⓳ [D2] **Synagoge.** Das Bethaus der jüdischen Gemeinde ist weniger von der Ausstattung her als wegen seiner historischen Bedeutung von Interesse (s. S. 32).

㉑ [C2] **War Photo Limited.** Thematische Ausstellungen mit Kriegsfotografien bekannter Fotografen (s. S. 34).

Das Zavičajni muzej Konavla (s. S. 65) in Čilipi informiert über die Traditionen des Konavle-Tals

019du Abb.: nk

Kunstgalerien

41 **AR Atelier,** Gruda 49, Konavle, Tel. 791355, www.antoniaruskovic.com, geöffnet: Sommer Mo–Sa 9–20 Uhr. Antonia Rusković Radonić ist als Malerin vornehmlich Dubrovniker Motive bekannt und engagiert sich für den Erhalt von historischen Handwerkstechniken, vor allem Stickerei und Seidenweberei. Im Konavle-Tal unterhält sie eine Kunstschule, in der sie Frauen in den überlieferten Techniken und Mustern unterrichtet. In Dubrovnik verkauft sie diese und eigene Arbeiten das ganze Jahr über in einem Verkaufsraum auf der Stadtmauer (Bastion Mrtvo zvono [C4], Kula Sv. Frano, tägl. 8.30–18 Uhr).

› **Art radionica Lazareti,** in den Lazareti 27, Tel. 324633, www.arl.hr. Der Zusammenschluss zeitgenössischer Künstler zeigt Bilder, Fotografien, Installationen und Performances und veranstaltet musikalische Abende.

42 [D3] **Artur,** Od Domina 2, Tel. 323773, www.arturgallery.com, geöffnet: Mo–Sa 10–16 Uhr. Eine Mischung aus Galerie, in der Tea Batinić lokale Künstler ausstellt, und Souvenirshop mit qualitativ hochwertigem Sortiment.

43 [D3] **Atelier Romana,** Marojce Kaboge bb, Tel. 091 5013318, www.romana-milutin.com, geöffnet: Mo–Fr 10–13, 17–21, Sa 10–13, 18–21 Uhr. Romana Milutin zählt zu den bekanntesten in Dubrovnik lebenden Künstlern. Ihre Motive bezieht sie aus ihrer unmittelbaren Umgebung – der Altstadt Dubrovniks.

44 [C3] **Talir,** Čubranovićeva 7, Tel. 323293, geöffnet: tägl. 9–22 Uhr. Ebenfalls ein Forum für kroatische Gegenwartskunst.

Einfach und lecker: frischer gegrillter Fisch und knackiger Salat

Dubrovnik für Genießer

Essen und Trinken

Dubrovniks Küche verbindet **slawische und Balkan-Einflüsse** mit Traditionen, die von der anderen Adriaseite – aus **Italien** – ihren Weg an die kroatische Küste fanden. Auch wenn der Stadtstaat Ragusa, Dubrovniks Vorgängerin, über Jahrhunderte seine Unabhängigkeit zu bewahren wusste, in Sprache und Geschmack eiferten die Stadtherren schon immer dem Vorbild Venedig nach. So ist es für italophile Besucher ganz einfach, sich auf Dubrovniker Speisekarten zurechtzufinden. *Pulpo* (Tintenfisch), *orada* (Dorade) oder *rižot* (Risotto) heißen in Italien ja (fast) genauso.

Diese beiden **Spezialitäten** der Balkanküche kennen die meisten noch aus den Zeiten, als Kroatien Teil des Vielvölkerstaates Jugoslawien war: **ražnići** und **čevapčići.** Erstere sind Schweinefleischwürfel, die auf einem Spieß über Holzkohlenfeuer gegrillt werden, Letztere pikant gewürzte Hackfleischröllchen (idealerweise aus jeweils einem Drittel Rind, Schwein und Lamm), ebenfalls vom Holzkohlengrill. Eine Abwandlung der Röllchen ist die **pljeskavica:** Sie hat die gleiche Zusammensetzung, ist aber wie eine Bulette zu einem runden Laib geformt und gelegentlich mit Schafskäse gefüllt. Zu diesen sehr gehaltvollen Speisen werden traditionell die aus Paprika hergestellte, rote Würzpaste **ajvar,** der warme, flüssige Schafskäse **kajman,** gewürfelte rohe Zwiebeln (weiß) und eine Beilage gereicht, die wahlweise aus Weißbrot, Pommes Frites oder **Đuveč-Reis** besteht. Der Reis wird hierbei in einem rassig gewürzten Gemüsesud aus Zwiebeln, Toma-

ten, Paprika und Knoblauch gedünstet. Beide „-ići-Gerichte“ galten nach der politischen Wende in Kroatien als Inbegriff der bosnisch-serbisch dominierten, jugoslawisch-bäuerlichen Kochkunst und tauchten nur noch selten auf Speisekarten auf. Aber so einfach waren die ebenso schmackwie nahrhaften und zudem preiswerten Klassiker nicht zu vertreiben, und inzwischen führt sie wieder so gut wie jedes Restaurant – Feinschmeckeradressen ausgenommen.

Ebenfalls einer eher ländlichen Tradition entstammt die Zubereitung von Fleisch in der **peka**. Darunter versteht man eine schwere Eisenpfanne mit Deckel, die gefüllt mit Fleisch, Kräutern und Kartoffeln ins offene Feuer gestellt und mit Glut abgedeckt wird. Das Gericht schmort über Stunden unter gleichmäßiger Hitzezufuhr und wird dadurch unglaublich zart und aromatisch. Bevorzugt wird die *peka* mit Lamm gefüllt, aber auch Fischgerichte werden so zubereitet. Wegen des langwierigen Prozederes ist in den meisten Restaurants eine Vorbestellung notwendig. Nur in den beiden Ausflugslokalen Konavoski Dvori und Konoba Vinica (beide S. 66) im Konavle-Tal 40 liegen zumindest an den Wochenenden stets genügend Pfannen in der Glut, um die Gäste satt zu machen.

Zu den beliebtesten **Vorspeisen** zählt eine Platte mit Käse (delikat: *Paški sir,* der Käse aus Pag) und luftgetrocknetem Schinken *(pršut). Carpaccio* bekommt man in den meisten Restaurants sowohl vom Rind als auch vom Fisch. Muscheln Buzara *(dagnje na buzaru),* also in einem Tomaten-Zwiebel-Sud, sind ebenfalls typisch für die dalmatinische Küche (auch Scampi gibt es nach Buzara-Art). Wenn einem der Sinn nach Suppe steht, ist die Fischsuppe *riblja juha* zu empfehlen. Zum Fisch gesellen sich Muscheln und verschiedene Gemüse wie Tomaten, Kartoffeln und Karotten. Ein beliebter Fischeintopf ist *brudet,* in dem alle festkochenden Fische, die gerade zur Verfügung stehen, mit Tomaten, Zwiebeln, Knoblauch und Lorbeer geschmort werden. Auch Risotto ist als erster Gang beliebt: Mit Sepia-Tinte geschwärzt, schmeckt das *crni rižot od sipe* besonders gut.

Bei den **Hauptgerichten** stehen die **Gaben des Meeres** an erster Stelle. Die meisten Restaurants reklamieren für sich, die Ware jeden Morgen frisch am Hafen von vertrauenswürdigen Fischern zu erwerben. Das stimmt natürlich nicht immer, denn die Adria ist ziemlich leer gefischt und so mancher Barsch stammt aus anderen Weltmeeren oder einer Fischzucht und tritt seinen Weg in die Küche tiefgekühlt an. Beliebt und häufig angeboten sind Wolfsbarsch *(brancin)*, Dorade *(komarča, orada)*, Drachenkopf *(škrpina)*, Tintenfisch *(lignje)* und Scampi *(kozice)*. In gehobeneren Restaurants bekommt man auch Hummer *(jastog)* oder Austern *(kamenice)* aus Ston 35. Beliebt sind die winzigen, im Ganzen frittierten und gegessenen *girice* (eine Art Sardellen), dazu Salat und Brot. Stockfisch kommt gern in einer Art Eintopf, *brudet od bakalara*, auf den Tisch. Als Beilage zum Fisch werden **Gemüse** (bevorzugt Mangold) und Kartoffeln oder Weißbrot serviert. In den meisten Restaurants wird Fisch nach Gewicht verrechnet. Bei Edelfisch sollten Sie von einem Kilopreis um die 350–400 Kn ausgehen. Klären Sie bei der Bestellung unbedingt, wie groß bzw. schwer das Tier sein soll, um unliebsame Überraschungen beim Bezahlen zu vermeiden. In den gehobenen Restaurants sind oft auch die Beilagen nicht inbegriffen und werden extra berechnet.

Die bereits erwähnten Grillröllchen und -spieße führen die Liste der **Fleisch-Hauptspeisen** an. Gegrillt werden auch Steaks vom Rind, Kalb oder Schwein (gelegentlich mit Käse und Kräutern gefüllt) oder Hühnchen-

EXTRAINFO

Selbstgebrannt

Gewöhnungsbedürftig ist die Leidenschaft der Kroaten für das Selbstbrennen von Schnaps. Fast jede Familie hat da ihr Geheimrezept und ihre Methode. Was dabei herauskommt, brennt meist höllisch in der Kehle und räumt den Magen auf. Unsachgemäß hergestellter Schnaps **kann aber leider zu schweren gesundheitlichen Schäden** wie Erblinden **führen.** Man kann also nur hoffen, dass die Gastgeber wissen, was sie tun oder offensichtlich Selbstgebrautes besser weglassen. Prost heißt übrigens „živjeli“.

013du Abb.: fk

Beliebter Willkommenstrunk: ein meist selbstgebrannter Schnaps

schenkel und -brust. Zur Verfeinerung von Fleischgerichten wird häufig schwarzer Trüffel *(tartuf)* aus Istrien verwendet. Süddalmatinische Spezialitäten sind *pašticada,* Schmorfleisch vom Rind, gedünstet mit Lorbeerblatt (manchmal auch Nelken und Trockenfeigen), Zwiebeln, Knoblauch, Karotten und Rotwein, und die oft als Rib-Eye-Steak übersetzte *Dalmatinska pržolica:* Das dünn geklopfte und mit Unmengen von Knoblauch gegrillte oder gebratene Steak kommt meist mit der beliebten Gemüsebeilage *blitva s krumpirom* auf den Teller. Dabei handelt es sich um in Olivenöl und viel Knoblauch gedünsteten Mangold mit Kartoffeln. Die Kroaten essen ihr Fleisch auch gern mit einer Schüssel knackigem Salat.

Obwohl sich viel getan hat und kreative Köche auch auf dem Feld der **Desserts** gern experimentieren, bleibt es meist bei der Standardnachspeise Pfannkuchen *(palačinke),* der wahlweise mit Schokolade, Nuss, Marmelade oder Eis serviert wird. Wenn es eine echte Dubrovniker *rožata* gibt, müssen Sie zugreifen: Sie ist eine Art Flan oder Crème brûlée, der ein Schuss Rožalin-Likör aus Hagebutten den besonderen Geschmack verleiht.

Wein, Wasser und Bier

Die Kroaten trinken gerne **Wein** *(vino)* zum Essen, manchmal auch mit Wasser verdünnt (dann *gemišt* genannt). Letzteres sollte man allerdings bestenfalls dem Hauswein, aber nie einem der feinen Tropfen antun, die die neue Winzergeneration nach der Unabhängigkeit zu hoher Qualität geführt hat. Traditionelles Wein-Anbaugebiet ist die Halbinsel Pelješac: Hier wird die Rebe Mali Plavac angebaut und daraus werden der schwere, nach Beeren schmeckende **Dingač** und sein etwas leichterer Bruder **Postup** gekeltert. Weitere Sorten heißen **Plavac** oder **Pelješac.** Das Angebot an Weißweinen ist eher überschaubar. An der Küste wird vor allem der fruchtige Malvazija angebaut. Die meisten Qualitätsweine wie **Pinot sivi** (Grauburgunder), **Graševina** (Welschriesling) oder **Rajnski Rizling** (Riesling) stammen aus dem kroatischen Binnenland.

Die bekannteste **Mineralwassersorte** *(mineralna voda, kjiselica)* aus Kroatien heißt **Jamnica.** Das Unternehmen füllt auch die stille Sorte **Jama** und verschiedene Fruchtsaftgetränke ab. Häufig steht auch die aus Slowenien stammende **Radenska** auf der Speisekarte. Dubrovniks **Leitungswasser** kommt aus einer Karstquelle, ist also sauber. Wer auf Nummer Sicher gehen will, bekommt überall Mineralwasser zu kaufen.

Unter den kroatischen **Biersorten** *(pivo)* erfreuen sich das **Karlovačko** (aus Karlovac) und das **Ožujsko** (aus Zagreb) der größten Beliebtheit. Beide Unternehmen brauen auch alkoholfreies Bier.

Šnops

Ohne *šnops,* also **Schnaps** (auch *rakija,* je nach Region), ist kein Essen vorstellbar, kein Treffen mit Freunden, keine Begrüßung und kein Abschied. Der gute alte jugoslawische *Sliwowitz* hat seit der kroatischen Unabhängigkeit regionalen Bränden Platz gemacht, wie dem Kräuterschnaps *travarica,* dem Traubentrester *lozovača* (ähnlich wie Grappa), dem Walnussschnaps *orahovica* oder dem Pflaumenschnaps, der immer noch heißt wie früher, nämlich *šljivovica.* Viele Gastwirte geben nach dem Essen einen Schnaps aus, oft wird auch bei der Begrüßung angestoßen.

Smoker's Guide

*Das Rauchen **ist in den geschlossenen Räumen** kroatischer Restaurants, Kneipen und Cafés grundsätzlich **verboten.** Wirte können allerdings ihr Lokal zum **Raucherlokal** erklären und es entsprechend ausweisen. Da sich jedoch inzwischen immer mehr einstige Raucherlokale als rauchfrei erklärt haben, empfehlen wir, sich vor Ort in den Kneipen zu erkundigen, ob geraucht werden darf. De facto spielt die Frage des Rauchverbots in Dubrovnik ohnehin nur eine geringe Rolle, da fast alle Aktivitäten unter freiem Himmel stattfinden, wo natürlich geraucht werden darf.*

KURZ & KNAPP

Keine Eiszeit

Kroatiens Eis ist legendär. Doch die bonbonbunten, süßen Eisberge in den Auslagen der *gelaterie* werden zumeist nicht von Kroaten hergestellt. Als Meister dieser Kunst gelten die ehemaligen Landsleute und späteren Kriegsgegner aus dem Kosovo und aus Bosnien. Doch zumindest auf dem kulinarischen Sektor haben die ethnischen Ressentiments gegen die früheren Mit-Jugoslawen keinen Bestand.

EXTRAINFO

Ein Dank an den Service

Das **Trinkgeld** für das Personal ist nicht in der Rechnung enthalten. Üblicherweise gibt man 10 bis 15 % des Rechnungspreises, abhängig von der Höhe. Der Rechnungsbetrag wird nicht wie bei uns aufgerundet, sondern das Geld nach dem Bezahlen der Rechnung auf dem Tisch liegen gelassen.

Wann, was, wo

Wie die meisten Mittelmeeranrainer messen auch die Dubrovniker dem **Frühstück** keinen besonderen Wert zu. Ein Kaffee und evtl. ein Hörnchen dazu genügen. Dafür wird ausgiebig und durchaus auch dreigängig zu **Mittag** gegessen. Wer so geschlemmt hat, gönnt sich dann **abends** nur noch eine Kleinigkeit, etwas Schinken und Käse, einen Salat oder ein leichtes Fischgericht. Die Mittags- und Abendmahlzeit wird meist von einem Gläschen Wein begleitet, mittags häufig mit Wasser oder Mineralwasser vermischt. Den Abschluss des Mahls bildet ein Kaffee, in vielen Familien noch im türkischen Kupferkännchen *(kava)* aufgekocht, oder aber nach italienischer Manier ein Espresso.

Mit dem Begriff **marenda** bezeichnen die Dubrovniker zweierlei: Einmal das klassische Mittagessen und zum anderen ein günstiges **Mittagsmenü** wie ein Fischgericht mit Beilagensalat und einem Glas Wein. Marenda-Angebote stehen meist auf der Schiefertafel des jeweiligen Restaurants oder einer gesonderten Tageskarte.

In Dubrovnik sind die Gäste nur mit einem kleinen (städtischen) Ausschnitt der vielfältigen kroatischen **Gastronomielandschaft** konfrontiert. Eine *gostiona* (Gasthaus) oder eine echte *konoba* (Weinkeller) wird man in der Stadt kaum finden, dafür viele *restorani* (Restaurants), die sich je nach Schwerpunkt auch *riblji restoran* (Fischrestaurant) nennen. Auch der Name **konoba** taucht in Dubrovnik gelegentlich auf. Damit vermittelt der Gastronom, dass es sich um ein uriges Lokal mit eher deftiger Küche handelt. In einem **Restaurant** wird erwartet, dass der Gast zumindest Vor- und Hauptspeise bestellt, wobei auch Nudelgerichte als

Hauptspeisen durchgehen. Will man nur auf die Schnelle etwas essen, ist man in einer **Pizzeria** besser aufgehoben. Ein Selbstbedienungsrestaurant, *samoposlužni restoran,* gab es zum Zeitpunkt der Recherche für dieses Buch in Dubrovnik noch nicht.

Für den morgendlichen oder nachmittäglichen **Kaffee** besucht man eine *kavana* (Kaffeehaus). Steht der Sinn nach Süßem, ist die *slastičarna* (Konditorei) der Ort der Wahl. Wenn man ein Gläschen **Wein** und dazu etwas Käse, Schinken oder Oliven verkosten möchte, ist man dagegen in der *vinoteka* richtig.

Preiskategorien

Die Angabe gilt jeweils für den Preis eines Hauptgerichts ohne Getränk.

€	unter 100 Kn (ca. 15€)
€€	100–140 Kn (15–20 €)
€€€	140–180 Kn (20–25 €)
€€€€	ab 180 Kn (25 €)

Hervorhebenswerte Lokale

Kroatisch/Mediterran

45 [C2] **Above 5** €€€€, Od Sigurate 4, Tel. 322244, www.above5rooftop.com, geöffnet: tägl. 8–11, 18–23 Uhr. Was ist toller – das mediterran-raffinierte Essen oder der Rundumblick über Dubrovniks Altstadtdächer? Auf jeden Fall sollte man rechtzeitig reservieren und genug Geld einstecken.

46 [ch] **Amfora** €€€, Stjepana Radića 26, Gruž, www.amforadubrovnik.com, Tel. 419419, geöffnet: tägl. 8–24 Uhr. Achtung: Grill-Liebhaber werden hier nicht glücklich, denn in diesem Restaurant stehen schonendere und nicht minder schmackhafte Zubereitungsarten im Vordergrund. Die Karte ist sehr vielseitig und fantasievoll, viele Gerichte wie etwa Thunfisch in Sesamkruste auf Avocado-Salsa haben wir nur hier gesehen. Die generelle Richtung ist mediterran mit gelegentlichen Ausflügen in den Orient. Lobenswert: Auch die Kindergerichte sind sorgfältig ausgesucht! Ein Erlebnis.

47 [ch] **Bistro Glorijet** €€, Obala Stjepana Radića 16, unweit des Marktes in Gruž, Tel. 419788, geöffnet: Mo–Sa 10–23 Uhr. Das Glorijet residiert in einer Renaissancevilla des Ragusaner Adels unweit des Marktes in Gruž und ist vor allem bei Kroaten beliebt. Spezialitäten der kroatischen Küche, vor allem aber Fisch bestimmen das Angebot. Besonders gelungen sind die marinierten Sardellen *(marinirane sarđele).*

48 [D3] **Bistro Tavulin** €€€, Cvijete Zuzorić 1, Tel. 323977, http://tavulin.com, geöffnet: tägl. 9–23 Uhr. Das sympathische Lokal hinter der Kirche des hl. Blasius lockt mit einem preiswerten Menüangebot und Speisen, die man sonst selten auf der Karte findet, wie etwa Tintenfisch-Ragout, auch Frühstücksangebot.

49 [bh] **Casa** €€€, Nika i Meda Pucića 1, Lapad, Mobil 091 4387105, https://restaurant-casa.com, geöffnet: tägl. 12–16 und 18–23 Uhr. Das Restaurant des Boutique-Hotels Villa Wolff ist einer der romantischsten Orte in Dubrovnik. Man speist auf der Terrasse der historischen Villa mit Blick auf den Sonnenuntergang und das Meer. Die feine Küche verbindet geschickt das regionale Angebot mit mediterranen Aromen. Atmosphäre wie Kreativität der Küche rechtfertigen die gehobenen Preise.

50 [B2] **Dubravka 1836** €€€, Brsalje 1, am Pile-Tor, www.nautikarestaurants.com, Tel. 426319, geöffnet: tägl. 8–23, Juli/Aug. bis 24 Uhr. Ein weiteres Mal eine fantastische Lage mit geradezu atemberaubendem Blick auf die Festungsmauern und das Meer. Dazu serviert das

Dubravka gutes, preiswertes Frühstück, knusprige Pizzen und die kroatisch-mediterrane Bandbreite von Pasta über Risotto bis hin zu Meeresfrüchten, Fisch und Fleisch. Super ist auch das große Angebot an knackigen Salaten.

51 [D3] **Kamenice** €€, Gundulićeva poljana 8, Tel. 323682, geöffnet: tägl. 8–24 Uhr. Der Klassiker, wenn es um Muscheln und Austern geht – das Kamenice am Marktplatz gibt es bereits eine gefühlte Ewigkeit, und obwohl es von Touristen überschwemmt wird, sind die Preise human geblieben. Zumindest einmal während eines Dubrovnik-Aufenthalts sollte man hier mit Austern und Champagner frühstücken!

52 [B2] **Klarisa** €€€, Poljana Paska Miličevića 4, Tel. 413100, www.klarisa-dubrovnik.com, geöffnet: tägl. 10–24 Uhr. Obwohl das Restaurant im Klarissinnenkloster auf die Bewirtung von Reisegruppen ausgelegt ist, hält die Küche mit mediterranen Köstlichkeiten wie Tintenfisch-Carpaccio auf Rucola oder Kalbsfilet auf Gorgonzola-Thymian-Soße ein konstant hohes Niveau. Man sollte auf die Tageskarte achten, dort steht zuverlässig frischer Fisch als Fang des Tages.

Fantastische Lage an der Stadtmauer: das Restaurant Dubravka 1836 (s. S. 77)

53 [F2] **Komarda** €€, Frana Supila bb, Tel. 311393, https://restaurant-komarda.com, geöffnet: tägl. 10–1 Uhr. Mit Blick auf den Alten Hafen genießen die Gäste die romantische Szenerie und dazu eine breite Auswahl an Vorspeisen und gute, wenngleich nicht besonders originelle Fisch- und Fleischküche. Gemessen an der Lage günstige Preise!

54 [ag] **Komin** €€€, Iva Dulčića 136, Babin Kuk, www.restaurant-komin.com, Tel. 435636, geöffnet: tägl. 12–24 Uhr, Rustikales Ambiente, eine hübsche Terrasse und eine offene Feuerstelle, auf der Gerichte unter der *peka* garen. Hier kann man dieses ländliche Schmorgericht, das mit Lamm, Kalb oder auch Tintenfisch zubereitet wird, probieren. Darüber hinaus stehen auch Fleisch und Fisch vom Grill auf der Karte.

55 [D4] **Konoba Jezuite** €€€, Poljana Ruđera Boškovića 5, Tel. 301014, www.jezuite.com, geöffnet: tägl. 11–23 Uhr. Der kulinarische Schwerpunkt liegt auch hier auf Fisch und Meeresfrüchten, die frisch und gut gewürzt auf den Tisch kommen. Was sonst noch für die Konoba spricht: sehr aufmerksamer Service und die wirklich reizvolle Lage vor der Jesuitenkirche.

56 [D4] **Kopun** €€€, Poljana Ruđera Boškovića 7, unweit der Jesuitenkirche, Tel. 323969, www.restaurantkopun.com, geöffnet: tägl. 10–23.30 Uhr. Romantische Lage im Herzen der Altstadt, dazu feine, kroatische Küche aus allen Regionen des Landes. Man bekommt hier also auch den namensgebenden Kapaun, wenn er auf der saisonal geprägten Karte steht. Weil man gar so schön sitzt, gibt es nach dem köstlichen Mahl eine kleine Auswahl an Cocktails, mit der man sich die Zeit vertreiben kann.

57 [C2] **Lady PiPi** €€€, Antuninska 23, Peline bb, Tel. 321154, facebook: Lady PI-PI, geöffnet: Mai–Okt. tägl. 9–22, Juli/Aug. bis 23 Uhr (im Winter geschl.). Lady PiPi ist kein Restaurant, sondern ein Erlebnis – zumindest findet das die Eigentümerfamilie Miljković und mit ihr zahllose Gäste, die lange Wartezeiten in Kauf nehmen, um den Blick von der Terrasse über die Altstadt zu genießen und dazu eher deftige, auf den Grill geworfene Gerichte zu verspeisen. Ein Tipp: Frühstücken kann man hier auch, und das ohne anstehen zu müssen.

58 [E3] **Lokanda Peskarija** €€, Na Ponti bb, Tel. 324750, www.mea-culpa.hr, geöffnet: tägl. 11–24 Uhr. Mit Blick auf den Alten Hafen bekommt man hier einfache Fisch- und Fleischgerichte vom Grill zu erstaunlich fairen Preisen und originell in Töpfen serviert. Das Lokal ist ein touristischer „Durchlauferhitzer", länger als für die Nahrungsaufnahme nötig sitzenzubleiben, ist eher unüblich.

EXTRAINFO

Toiletten

Im Altstadtbereich gibt es vier öffentliche Toiletten, zwei am Pile-Tor, eine am Ploče-Tor und eine im Bereich des Fischmarkts Peskarija. Für die Benutzung sind je nach Saison 5–10 Kn zu entrichten (tägl. 7–23 Uhr). Wegen des großen Touristenansturms (und der entsprechend häufig vorgetragenen Bitte, die Toilette benutzen zu dürfen) wird Toilettennutzung, ohne dass im Restaurant oder Café etwas konsumiert wird, nicht gerne gesehen. Es kostet ja aber auch kaum etwas, an der Bar einen Espresso zu bestellen und erst dann die Waschräume aufzusuchen.

59 [B2] **Nautika** €€€€, Brsalje 3, Tel. 442526, www.nautikarestaurants.com, geöffnet: tägl. 12–24 Uhr. Wer Fisch mag, kommt auf seine Kosten – Fischsuppe, schwarzes Risotto, Tagliatelle mit Hummer, Scampi auf Polenta oder ein gegrilltes Fischfilet mit bestem Olivenöl – alles ist von hoher Qualität. Dazu die Aussicht! Perfekt.

60 [D3] **Oliva Gourmet** €€, Cvjete Zuzorić 2, Tel. 324076, www.pizza-oliva.com, geöffnet: tägl. 11–24 Uhr. Das hübsche, in einer Mischung aus modern und nostalgisch eingerichtete Lokal hat sich voll und ganz mediterran-italienischer Küche verschrieben und wagt auch einige kulinarische Experimente, die durchweg gelingen. Besonders nett ist es, wenn man einen der Tische draußen in der Gasse ergattert!

61 [A2] **Orhan** €€€, Od Tabakarije 1, bei der Festung Lovrijenac, Tel. 411918, www.restaurant-orhan.com, geöffnet: tägl. 9–24 Uhr. Orhan ist eine der Traditionsadressen in Dubrovnik und dank der Lage etwas abseits der Trampelpfade auch nicht so überlaufen. Auf der

Karte stehen die Standards kroatischer Fisch- und Fleischküche. Die Qualität ist ordentlich, aber nicht außergewöhnlich. Wenn man einen Platz auf der schattigen Terrasse über dem Meer ergattert, ist die Welt in Ordnung.

62 [ei] **Panorama** €€€, Seilbahn-Bergstation Srđ, Tel. 312664, www.nautikarestaurants.com, geöffnet: tägl. 9–22 Uhr, im Winter nur tagsüber. Obwohl die Lage sehr touristisch ist, wird hier auf hohem Niveau kroatisch und international gekocht. Auch das Panorama lockt.

63 [bh] **Pantarul** €€, Kralja Tomislava 1, Tel. 333486, www.pantarul.com, geöffnet: Di–So 12–16, 18–24 Uhr. In dieser hübsch eingerichteten Kneipe gibt es Essen wie bei Muttern (natürlich einer kroatischen): lecker!

64 [E3] **Poklisar** €€€, Ribarnica 1, Tel. 322176, www.poklisar.com, geöffnet: tägl. 9–24 Uhr. Das Poklisar ist den ganzen Tag über gut besucht. Man kann hier mit Blick auf den Alten Hafen frühstücken, ein leichtes Mittagessen einnehmen, Kaffee trinken oder abends zu Piano-Begleitung dinieren. Auf der Karte tummeln sich Fische, Meeresfrüchte, Pasta und saftige Steaks.

65 [C2] **Proto** €€€€, Široka 1, Tel. 323234, www.esculaprestaurants.com, geöffnet: tägl. 11–23 Uhr. Der kleine Bruder des Nautika gilt als Anwärter auf den Preis des besten Dubrovniker Fischrestaurants. Wenn also die lokale Dorade oder der Thunfisch nicht genügen, bekommt man hier auch ganz frisch eingeflogenen norwegischen Lachs.

66 [D3] **Pupo** €€, Miha Pracata 8, Tel. 323555, www.pupodubrovnik.com, 10–22 Uhr. Die Küche dieser kleinen Taverne orientiert sich an Dubrovniker Traditionen. Es schmeckt beständig gut und an den Tischen in der schmalen Gasse sitzt man sehr romantisch.

67 [D2] **Rozario** €€€, Prijeko 2, Tel. 322015, www.konoba-rozario.hr, geöffnet: tägl. 12–23 Uhr. Direkt neben dem St.-Nikolaus-Kirchlein besetzt das Restaurant mit wenigen Tischen im Freien und einem kleinen Innenraum eine winzige Ecke. Trotz der Lage an der Fressgasse kann man hier kulinarische Entdeckungen machen, so etwa Steak in einer Soße aus getrockneten Feigen und Honig oder den Fischeintopf *brodet* mit Polenta.

68 [dj] **Sesame** €€€€, Dante Alighieria bb, Tel. 412910, www.sesame.hr, geöffnet: tägl. 8–24 Uhr. Rund 200 m vom Pile-Tor öffnet sich im Sesame eine Welt voller Antiquitäten und raffinierter Genüsse (auch gute Frühstücksadresse). Die mediterrane Küche bezieht hier orientalische Einflüsse mit ein. Auf der Karte finden sich auch ungewöhnliche Gerichte wie Lamm in Dillsoße. Egal was Sie bestellen, lassen Sie Platz fürs Dessert: Der Johannisbrotkuchen mit getrockneten Pflaumen ist ein Traum.

69 [D2] **Wanda** €€€, Prijeko 8, Mobil 098 9449317, www.wandarestaurant.com, geöffnet: tägl. 11–24 Uhr. Das Restaurant in Dubrovniks Kneipengasse zelebriert offensichtlich seine Liebe zu Italien – alle Gerichte auf der Karte tragen italienische Namen. So finden sich Standards wie Bruschetta oder Antipasto Misto neben Ceasar's Salad und Ricotta-Tortellini. Für Leute, denen die fleisch- und fischlastige Dalmatiner Küche manchmal auf die Nerven geht, eine angenehme Alternative. Dazu sehr professioneller, aufmerksamer Service.

EXTRAINFO

WLAN

In den meisten **Restaurants** und **Cafés** kann man kostenlos das WLAN nutzen – einfach den Kellner fragen oder den Zugangscode verwenden, der oft auf dem Rand der Rechnung steht! In Cafés wird diese zusammen mit dem Getränk gebracht.

Jugoslawisch

70 [C3] **Taj Mahal (1)** €€€, Nikole Gučetića 2, www.tajmahal-dubrovnik.com, Tel. 323221, geöffnet: tägl. 10–2 Uhr. Nein, kein Inder, sondern ein Lokal, das die gute alte „Jugo-Küche" mit Schwerpunkt auf den bosnischen, osmanisch geprägten Traditionen in Ehren hält. Also Fleisch vom Grill in unendlich vielen Variationen, *Ajvar,* Zwiebeln, Šopska-Salat, Duveč-Reis und als Nachtisch eine zuckersüß triefende *Baklava.*

71 [ci] **Taj Mahal (2)** €€€, Iva Vojnovića 14, Tel. 5640123, geöffnet: tägl. 10–2 Uhr. Der Ableger des beliebten Altstadtlokals in Montovjerna/Lapad.

International

72 [ch] **Blidinje** €€, Lapadska obala 21, Gruž, Tel. 358794, http://konoba-blidinje.com, geöffnet: tägl. 11–23 Uhr. Die Speisekarte liest sich wie eine Karussellfahrt durch die internationalen Küchenstandards, aber das Lokal ist nicht überteuert und die Qualität des Essens verlässlich. Also ganz gleich ob Wiener Schnitzel, Muscheln buzara oder Hamburger – es schmeckt. Zudem wird nach Vorbestellung auch unter der *peka* gekocht.

73 [D2] **Gil's little Bistro** €€€€, Petilovrijenci 4, Tel. 321168, http://gils.hr, geöffnet: tägl. 12–24 Uhr. Gil's hat eine bewegte Karriere hinter sich, vom Edelrestaurant am Ploče-Tor, in dem sich u. a. Beyoncé beim Essen zeigte, zum „little Bistro" in der Altstadt. Natürlich ist es nach wie vor ein hochgelobter Gourmet-Tempel, aber nicht mehr so exklusiv und durchaus auch für Normalesser erschwinglich. Die Küche ist raffiniert und kreativ – der Besuch lohnt sich!

74 [C2] **Lucin Kantun** €€, Od Sigurate bb, Tel. 321003, www.facebook.com/LucinKantunDubrovnik, geöffnet: tägl. 11–23 Uhr. Die Attraktion ist die offene Küche, in der man dem Chef auf die Finger schauen kann. Das macht Spaß, denn er zaubert mit großem Geschick delikate Gerichte wie kroatische Tapas auf die wenigen Restauranttische. Eine Reservierung ist empfehlenswert.

75 [E2] **Restaurant 360** €€€€, Sv. Dominika bb, Tel. 322222, www.360dubrovnik.com, geöffnet: Di–So 18.30–22.30 Uhr, im Winter geschlossen. Eines der wenigen Lokale, das sich nicht auf Reisegruppen eingestellt hat. Hier wird der individuelle Gast bevorzugt. In sehr stylishem Ambiente direkt auf und in der Stadtmauer hat das Restaurant eher Lounge- als Speiselokalatmosphäre. Der Küchenchef wechselt jährlich und mit ihm das Angebot der mediterran-leichten Küche. Die Weinauswahl ist legendär.

76 [ch] **Taverna Otto** €€€, Nikole Tesle 8, Gruž, Tel. 358633, www.tavernaotto.com, geöffnet: Mi–Mo 12–16 u. 19–23 Uhr. Unverputzte Mauern, zurück-

015du Abb.: nk

Preiswert essen kann man beispielsweise im Buffet Škola

haltendes Dekor, französisch angehauchte Küche prägen dieses Lokal. Und egal, ob man das Tuna-Steak, Hamburger mit Bratkartoffeln oder Brodet mit Gamberi und Polenta wählt – es sollte Platz bleiben für das delikate Schokoladen-Soufflé.

Pizza

77 [C3] **Mea Culpa** €€, Ulica za Rokom 3, Tel. 323430, www.meaculpa-pizzeria.com, geöffnet: tägl. 9–24 Uhr. Angeblich die besten, mit Sicherheit die größten Pizzen in der Altstadt. Das Ambiente dazu ist rustikal und es gibt auch die ganze Bandbreite der üblichen Pastagerichte.

78 [D3] **Oliva Pizzeria** €€, Lučarica 5, Tel. 324594, www.pizza-oliva.com, geöffnet: tägl. 10–24 Uhr. Das Schwesterunternehmen des Restaurants Oliva Gourmet beansprucht für sich, die authentischste Pizza ganz Dubrovniks zu servieren. Tatsächlich sind die Pizzen wirklich frisch und lecker belegt und das Ambiente hinter der Blasius-Kirche ist sehr ansprechend.

79 [E2] **Tabasco** €€, Hvarska 48a, Tel. 429595, www.pizzeriatabasco.hr, geöffnet: tägl. 9.30–23 Uhr. Durch die Lage außerhalb der Altstadt ist das Tabasco deutlich günstiger als die Pizzerien innerhalb der Stadtmauern und die Pizzen sind kross und aromatisch belegt.

EXTRATIPPS

Lecker vegetarisch

Wer ein richtiges vegetarisches Restaurant mit veganem Angebot sucht, kommt in Dubrovnik am **Nishta** (s. S. 83) nicht vorbei. Es ist das einzige Lokal, das sich ganz der fleischfreien Kost verschrieben hat. Da man in den meisten Lokalen üppige Salate, Käseplatten oder Gemüse bestellen kann, dürften zumindest Vegetarier aber auch sonst keine Probleme haben, etwas Essbares zu finden. In folgenden Restaurants ist dieses Angebot besonders groß: **Buffet Škola** (s. S. 84), **Dubravka 1836** (s. S. 77), **Oliva Pizzeria** (s. oben.), **Sesame** (s. S. 80), **Shizuku** (s. S. 83), **Tabasco** (s. oben), **Wanda** (s. S. 80).

Dinner for one

Wer alleine essen geht, ist oft dankbar für etwas Trubel drumherum oder auch für schnellen Service. Sie werden sich an einem Einzeltisch sicherlich in allen Lokalen wohlfühlen, in folgenden aber vielleicht noch eine Spur besser:

- **Kamenice** (s. S. 78): In dem Lokal am Markt kehren die Händler oft auch nur auf einen schnellen Imbiss oder einen Kaffee ein – und es gibt viel zu beobachten.
- **Lokanda Peskarija** (s. S. 79): Ebenfalls eines der Lokale, in denen es eher rustikal und unprätentiös zugeht. Dazu hat man Blick auf den Hafen.
- **Poklisar** (s. S. 80): Zu jeder Tageszeit eine gute Adresse. Für Unterhaltung sorgt auch hier der Trubel am Alten Hafen.
- **Taj Mahal** (s. S. 81): Große Runden und deftiges Essen – da bleibt keiner lange allein.
- **Lucin Kantun** (s. S. 81): Gemütlich und sehr individuell, ein Einzelgast wird hier aufmerksam umsorgt.
- **Nishta** (s. S. 83): Auch in Dubrovniks „Vegetarier“ sind Alleinesser keine Seltenheit. Da das Lokal nicht groß ist, findet der, der es möchte, leicht Anschluss.
- **D'Vino** (s. S. 84): Eine Weinbar ist immer auch Kontaktbörse. Dazu gibt es leckere Snacks.
- **Orlando** (s. S. 84): Sehen und gesehen werden – ob allein, zu zweit oder in der Gruppe.

Sushi

80 [E4] **Oyster & Sushi Bar Bota** €€, Od Pustijerne bb, Tel. 324034, www.bota-sare.hr, geöffnet: tägl. 12–24 Uhr. Das kleine Lokal im Altstadtviertel Pustijerna gehört zu einer kroatienweit agierenden Kette und serviert Sushi und Austern aus dem nahen Ston, pur oder in Tempura-Teig. An kalten Tagen etwas ungemütlich, denn es gibt nur Tische im Freien, die in der überwölbten Gasse zwar vor Regen, aber nicht vor Kälte geschützt sind.

81 [bh] **Shizuku** €€, Kneza Domagoja 1 F, Lapad, Tel. 311493, www.facebook.com/ShizukuDubrovnik, geöffnet: Di–So 17–24 Uhr. Mehr als „nur" Sushi. Dieser authentische Japaner abseits der Touristenpfade wird vor allem von Einheimischen geschätzt. Neben Maki, Nigiri und Sashimi stehen stets auch ein paar Nicht-Sushi-Gerichte auf der Speisekarte wie vegetarische Frühlingsrolle, Maguro Tatari oder Donburi.

Vegetarisch, vegan

82 [C2] **Nishta** €€, Prijeko bb, Tel. 322088, www.nishtarestaurant.com, geöffnet: Mo–Sa 11.30–23 Uhr. Vegetarier und Veganer finden auf der umfangreichen Speisekarte des Nishta frisch zubereitete und köstliche Gerichte für jeden Geschmack, von Nachos über Spaghetti Carbonara bis hin zu Curries.

Für den späten Hunger

Fast alle Restaurants haben bis 23, viele sogar bis 24 Uhr geöffnet. Wer noch später Hunger verspürt, kann sich an folgende Adressen wenden, die bis 1 bzw. 2 Uhr Gäste bewirten:

- **Taj Mahal** (s. S. 81)
- **Buffet Škola** (s. S. 84)
- **Tutto bene** (s. S. 84)
- **D'Vino** (s. S. 84)
- **Glam Café** (s. S. 84)

Lokale mit guter Aussicht

Im Grunde gibt es in Dubrovnik kaum ein Lokal, das nicht mit seiner Aussicht glänzt – die Restaurants in der Prijeko-Gasse einmal ausgenommen. Egal ob Blick auf den Hafen, über die Stadtmauer oder auf die Jesuitenkirche – es gibt immer viel zu sehen. Hier die schönsten Ausblicke:

- **Above 5** (s. S. 77): grandioser Rundumblick über Dubrovniks Altstadt
- **Casa** (s. S. 77): Bucht, Meer und Sonnenuntergang
- **Dubravka 1836** (s. S. 77): speisen mit der mächtigen Stadtmauer vor Augen
- **Konoba Jezuite** (s. S. 79): Blick auf den lebhaften Platz vor der Jesuitenkirche
- **Lady PiPi** (s. S. 79): das Panorama der Altstadtdächer inklusive

016du Abb.: nk

In Dubrovnik gibt es viele Restaurants mit guter Aussicht

Für den kleinen Hunger

83 [D2] **Barba** €, Boškovićeva 5, Tel. 091 2053488, www.facebook.com/dubrovnik.barba, geöffnet: tägl. 11–23 Uhr. Fisch trifft Street Food – in diesem sympathischen Lokal stehen Oktopus-Burger, aber auch Austern, Salate und Sandwiches auf der Karte.

84 [C2] **Buffet Škola** €, Antuninska 1, Tel. 321096, www.facebook.com/BuffetSkola, geöffnet: tägl. 9–22 Uhr. Das winzige Lokal in einer Seitengasse der Stradun, in dem es vor allem leckere Sandwiches gibt, ist leicht zu übersehen. Der Klassiker ist mit *pršut* (luftgetrocknetem Schinken) und in Olivenöl eingelegtem Käse belegt.

85 [C3] **Mr. Fresh** €, Od Puča 14, Tel. 095 9363007, www.facebook.com/Mr.Fresh.Dubrovnik, geöffnet: tägl. 9–21 Uhr. Smoothies, Sandwiches, Tortillas, Eis und sogar Longdrinks to go.

86 [D3] **Tutto bene** €, Od Puča 7, Tel. 323353, www.tuttobene-dubrovnik.com, geöffnet: tägl. 10–23 Uhr. Alles, was sich als Fastfood eignet, wird hier über den Tresen gereicht – vom Sandwich über Pizza, Kebab und Tortilla bis hin zu den angeblich besten Pommes der Stadt.

Auf ein Gläschen Wein

87 [C2] **D'Vino,** Palmotićeva 4a, Tel. 321130, www.dvino.net, geöffnet: tägl. 9–2 Uhr. Über 60 Weine werden hier glasweise ausgeschenkt, darunter zahlreiche kroatische Spitzentropfen – ideal für eine Verkostung oder einfach für einen Absacker nach dem Essen.

Cafés, Frühstück

88 [C2] **Café Festival,** Placa bb, Tel. 321148, www.cafefestival.com, geöffnet: tägl. 8–2 Uhr. Das 1927 gegründete Café hat gekrönte Häupter, Dichter, Denker und Schauspieler beherbergt. Heute wirkt es uniform-modern, doch das kroatische Publikum ist durchaus eher der Künstlerszene zuzurechnen. Zudem ist es ein wunderbarer Ort, um dem Getümmel auf dem Stradun zuzusehen und dem abends aufspielenden Pianisten zuzuhören.

89 [C2] **Dolce Vita,** Nalješkovićeva ulica 1A, Tel. 321666, geöffnet: tägl. 9–24 Uhr. Die In-Eisdiele, etwas abseits gelegen in einer Seitengasse der Stradun. Unbedingt die Pfannkuchen mit Eis probieren!

90 [C2] **Glam Café,** Palmotićeva 5, Tel. 091 1518257, www.facebook.com/glamdu, geöffnet: tägl. 8.30–24 Uhr. Nettes kleines Café, das frisch gepresste Säfte anbietet. Auch kleine Snacks wie French Toast sind im Angebot.

91 [D3] **Gradska Kavana,** Pred Dvorom 1, Tel. 321202, www.nautikarestaurants.com, geöffnet: tägl. 8–24 Uhr. Dubrovniks berühmtestes und angenehmstes Café ist vielmehr schon ein Kaffeehaus. Hier wird man rund um die Uhr mit Kaffee, Tee, Softdrinks und köstlichen Kuchen versorgt. Nicht zu vergessen: die exzellenten Cocktails am Abend!

92 [D3] **Orlando,** Placa, Tel. 442573, www.esculaprestaurants.com, geöffnet: tägl. 7–2 Uhr. Frühstücken und gucken: Bei Orlando sitzt man in der ersten Reihe, was das Treiben auf der Placa angeht. Das muss man mögen (genauso wie die sehr hohen Preise), aber Kaffee, Gebäck und die vielen deftigen Frühstückszutaten sind frisch und lecker. Wer lokales Ambiente will, muss eben zahlen.

93 [D3] **Pupica,** Cvijete Zuzorić bb, Tel. 323555, www.pupodubrovnik.com, geöffnet: tägl. 7–24 Uhr. Ein Großmuttercafé mit nostalgischem Flair und einer verführerischen Kuchenauswahl. Ideal für eine süße Pause bei der Stadtbesichtigung.

In den abendlichen Gassen der Altstadt

Dubrovnik am Abend

Die **Altstadt** ist auch in Sachen Nightlife der Hotspot von Dubrovnik. Bars, Lounges und Klubs locken Nachtschwärmer aller Altersgruppen und jeglichen Musikgeschmacks in die historischen Gassen, Paläste und Arsenale. Die Dubrovniker bummeln am liebsten die **Placa (Stradun)** 4 auf und ab, setzten sich in eines der vielen Cafés und trinken stundenlang Kaffee. Die beiden wichtigsten Ausgeh-Locations befinden sich allerdings knapp außerhalb der Altstadt vor dem Ploče-Tor: die **Lazareti** 27 und der **Banje Beach Club** (s. S. 86).

Die City stellt sich auch als Kulisse für **klassische Musikevents** zur Verfügung: zum Beispiel während des Dubrovniker Sommerfestivals (s. S. 94), aber auch für Open-Air-Konzerte. Außerhalb der Altstadt ist die von Hotels, Bars und Cafés gesäumte **Küstenlinie von Lapad**, Lapadska uvala, ein beliebter Ausgehort.

073du Abb.: dt©Berna Namoglu

Nachtleben

Bars, Lounges

94 [D4] **Buža I,** auf den Felsen vor der Stadtmauer. Buža Nummer I befindet sich unweit des Turms Sv. Stjepan, zugänglich von der ulica Ilije Sarake, Tel. 324053, geöffnet: tägl. 8–2 Uhr, und die Filiale

95 [C4] **Buža II,** auf den Felsen vor der Stadtmauer. Der Zugang zu Buža Nummer II ist eine Tür an der Einmündung der Crijevićeva ulica in die die Stadtmauer säumende ulica Od Margarite (einfach den Hinweisschildern „cold drinks" folgen), Tel. 324053, geöffnet: tägl. 8–2 Uhr. Durch die beiden Türen in der Stadtmauer gelangt man auf die Uferfelsen und in die darin eingebetteten Bars. Ein paar Tische, Strohdächer als Schattenspender und der unverstellte Blick aufs Meer, in dem man sich auch abkühlen kann. Abends mit Musik und Cocktails. Einfach zu schön!

96 [D2] **Buzz Bar,** Prijeko 21, Tel. 321025, www.facebook.com/dubrovnikbuzz, geöffnet: tägl. 8–2 Uhr. Entspannt für ein Bierchen oder einen Drink, gelegentlich Livemusik. Gute Auswahl an kroatischen Bieren.

97 [ah] **Cave Bar More,** Nika i Meda Pucića 13, Tel. 494200, http://cavebar-more.com, geöffnet: Ende März–Anf. Nov., Nebensaison 10–18, Mai/Sept. bis 20, Sommer bis 24 Uhr. Die außergewöhnliche Bar des Boutique-Hotels More besetzt teils die Uferfelsen und teils eine vom Meer ausgewaschene Höhle, in der sich Tresen, Lounge-Bar und das DJ-Pult befinden. Auf den Terrassen davor kann man sich, gepflegt einen Cocktail schlürfend, in den Sonnenuntergang träumen.

98 [D2] **Exit,** Boškovićeva 2, www.facebook.com/ExitDubrovnik, geöffnet: tägl. 9–2 Uhr. Der ehemalige Treff für Freunde des Hardrock spricht heute einen breiteren Musikgeschmack an, aber am liebsten hört man hier schon „Queens of the Stone Age" oder ähnlich gelagerte Musik. Gelegentlich gibt es auch Livemusik, ansonsten gute und bierselige Stimmung – und es darf geraucht werden.

99 [D3] **Gaffe Pub,** Miha Pracata 4, www.facebook.com/irishpubthegaffe, geöffnet: tägl. 9–2 Uhr. Einer der insgesamt vier Irish Pubs in Dubrovnik. Guiness etc. sind relativ teuer, das Essen (z. B. Hamburger) aber konkurrenzlos preiswert. Sportübertragungen auf dem Riesenbildschirm und Livemusik steigern die Stimmung. Für Menschen mit Sehnsucht nach grünen Inseln.

100 [D2] **Katie O'Connor's Irish Pub,** Dropčeva 4a, Tel. 321575, www.facebook.com/KatieOConnorsIrishPub, geöffnet: tägl. 10–2 Uhr. Urig in einem Gewölbekeller untergebracht und der älteste Iren-Pub in Dubrovnik. Natürlich mit Liveübertragungen aller wichtigen Sportereignisse. Raucherbar!

101 [D3] **La Bodega,** Luža 4, Mobil 099 4991187, www.facebook.com/labodegadubrovnik, geöffnet: tägl. 9–1 Uhr. Ein Paradies für Weinkenner, denn die Auswahl ist außergewöhnlich gut (und nicht preiswert). Dafür findet jeder Gast in dem historischen Haus am Luža-Platz mit Sicherheit eine gemütliche Ecke.

102 [D3] **None Nina,** Pred Dvorom 4, Mobil 098 825844, geöffnet: tägl. 9–2 Uhr. Man sitzt im Herzen der Altstadt und des Geschehens, folglich ist Gucken angesagt. Dazu gibt es bunte Cocktails oder eiskaltes Bier. In Dubrovnik immer noch unter dem alten Namen „Hemingway's" bekannt.

103 [ah] **Sunset Lounge,** Masarykov put 20, im Hotel Dubrovnik Palace, Lapad, Tel. 430351, www.adriaticluxuryhotels.com, geöffnet: tägl. 8–24 Uhr. Der Blick ins tiefe Blau, auf den Sonnenuntergang und auf die Elafiteninseln steht im Vordergrund. Die Lounge ist ein ganz besonderes Erlebnis, auch wenn die Preise für die Drinks das Wohlgefühl etwas schmälern.

104 [D4] **Trubadur Hard Jazz Café,** Bunićeva poljana 2, Tel. 323476, geöffnet: tägl. 8–24 Uhr. Dubrovniks Klassiker für Livejazz, und das jeden Abend. Aber auch ohne Musik ein sehr entspannter Ort im Herzen der Stadt.

Klubs

105 [G2] **Banje Beach Club,** Frana Supila 10B, beim Ploče-Tor, Tel. 412220, www.banjebeach.com/club.html, geöffnet: Sommer tägl. 10–4 Uhr. Wo die Reichen und Schönen die Nacht zum Tag machen, muss man natürlich auch als ganz normaler Mensch mal vorbeischauen. In der Saison legen hier die besten DJs auf. Die Preise bewegen sich allerdings in einem eigenen Universum, das den meisten Kroaten verschlossen bleibt.

106 [E2] **Culture Club Revelin,** Sv. Dominika bb, am Ploče-Tor, Tel. 098 533531, www.clubrevelin.com, geöffnet: tägl. 23–6 Uhr. Party auf zwei Etagen in der altehrwürdigen Feste Revelin. An den Wochenenden oft Liveauftritte kroatischer Pop- und Rockstars.

EXTRATIPP

Dubrovniker Jugendszene

Entlang der **ulica Iva Vojnovića** [ci] haben sich in Lapad etwa auf Höhe der ulica Marka Majorice gleich mehrere **Bars** angesiedelt, die vor allem von jüngerem, kroatischem Publikum frequentiert werden, z. B. das **Level** (www.facebook.com/CafeNightBarLEVEL), das **City Café** (www.facebook.com/citycafe.dubrovnik) oder die Café-Bar **Whats Up** gegenüber.

27 [G2] **Lazareti,** www.lazareti.com, geöffnet: Fr, Sa 21–4 Uhr. Angefangen haben die Lazareti als alternative Musik- und Party-Location. Inzwischen sind sie im Mainstream angekommen, es sei denn, internationale DJs sind zu Gast. Tanzen kann man aber allemal.

107 [A2] **Sky Bar,** Brsalje 8, geöffnet: Mo–Sa 22–6 Uhr, Mobil 091 4202094. www.facebook.com/skybardu. Die beliebte Sky Bar ist von der Altstadt vor das Pile-Tor in die Räume des ehemaligen Latin Club Fuego gezogen. Im bewährten neonblauen Design, mit vielen bunten Cocktails, einem Lounge-Bereich und einer Terrasse bedient die Bar die Bedürfnisse aller Alterklassen.

EXTRATIPP

Folklore mit Pfiff

Über 3000 Mitglieder zählte das Dubrovniker **Folkloreensemble Linđo** in seiner nun 50-jährigen Geschichte. Die Gruppe setzt sich aus Tänzern, einem Orchester und einer *klapa*, also einem traditionellen A-capella-Chor, zusammen, hat sich längst über die regionalen Traditionen hinaus entwickelt und führt auch Tänze und Lieder aus anderen kroatischen Traditionen auf. Die Vorstellungen finden im Sommer zweimal pro Woche – meist Di u. Fr um 21.30 Uhr – in den Lazareti 27 statt. Infos bei der Tourist-Info (s. S. 115) oder unter www.lindjo.hr.

Theater und Konzerte

Dubrovniks großes Musikevent ist das **Sommerfestival** (s. S. 94) im Juli/August. Die Altstadt wird dann zur Bühne für Theater, Konzert und Volkstänze, aber auch für Performances und Straßenmusik.

Klassische Musik bringen fast das ganze Jahr über verschiedene Dubrovniker Orchester an historischen Veranstaltungsstätten zu Gehör. Flyer mit Terminen liegen in der Tourist-Information (s. S. 115) und in vielen Restaurants und Läden aus.

Das **Städtische Theater Gradsko kazalište Marina Držića** spielt kroatische wie auch internationale Stücke. Da die Aufführungen in kroatischer Sprache sind, werden aber die wenigsten Besucher sie verstehen.

Ein spektakulärer Veranstaltungsort ist der **Park Orsula** mit einem fantastischen Aussichtspunkt rund 5 km nördlich der Altstadt. Das einem antiken Theater nachempfundene Oval schmiegt sich in den Hang über dem Meer und eröffnet den Blick auf die Akteure und das Meer dahinter. Zwischen Juni und September finden meist mittwochs Rock- und Popkonzerte oder DJ-Sessions statt. Das Programm liegt in der Tourist-Info aus.

108 [D3] **Gradsko kazalište Marina Držića,** Pred Dvorom 3, Tel. 321088, http://kmd.hr, Tageskasse tägl. 9–12, 18–20 Uhr

109 **Park Orsula**

Regelmäßige **Konzerte** geben folgende feste Ensembles:

- **Sorkočević Quartet.** Ende der 1980er-Jahre gegründet, spielt dieses Quartett in der Saison meist Mo, Mi und Do um 21 Uhr Kammermusik im Kerzenschein (Koncerti pod svijećama) in der Kirche Sv. Spas (Eintritt ca. 150 Kn).
- **Symphonieorchester Dubrovnik/ Dubrovački simfonijski orkestar.** Das 1924 gegründete Orchester tritt mit zumeist klassischem Programm an allen Dubrovniker Veranstaltungsorten, von der Kirche Sv. Vlaho 8 über das Fort Revelin 24 bis hin zur Dominikanerkirche auf. Das Programm findet sich unter www.dso.hr (auch auf Englisch).

Dubrovnik für Shoppingfans

In einer Stadt, die so ausschließlich und schon seit so langer Zeit dem Tourismus zugewandt ist, gibt es nicht besonders viele wirklich **authentische Souvenirs.** Denn das, was viele Touristen suchen, ist meist nicht Authentizität, sondern ein preiswertes Mitbringsel. So ist denn auch das Angebot an den Souvenirständen und in den Souvenirläden in und um die Altstadt weitgehend von Artikeln geprägt, die in China und Südostasien hergestellt werden.

Nur wenige Ladenbesitzer geben sich Mühe, Produkte aus Dubrovnik und aus dem nahen Konavle-Tal zu verkaufen, dessen Stickereien früher berühmt waren. Der kroatische Staat unterstützt Initiativen, die in Kroatien hergestellte Artikel verkaufen, mit dem Logo „Authentically Croatian" in roter Schrift und mit blauem Häkchen auf weißem Grund.

Diese **Stickereien,** zumeist in Weiß, Rot und Blau auf Täschchen, Lavendelsäckchen oder Ähnlichem appliziert, zählen zu den typischen Arbeiten der Region. Wie kunstfertig sie ausfallen können, zeigen das Ethnographische Museum Rupe 16 und das Zavičajni muzej Konavla (s. S. 65) in Čilipi im Konavle-Tal 40 sehr anschaulich.

Von außerordentlicher Kunstfertigkeit ist auch der **Gold- und Silberschmuck,** den Dubrovniker Goldschmiede seit dem 13. Jh. anfertigen. Charakteristisch sind die filigranen Ohrringe in Kugelform, die *rečini.* Auch silberner Filigranschmuck, häufig kombiniert mit Halbedelsteinen oder Korallen, wird noch in der Altstadt hergestellt. Ein typisches Produkt ist auch die **Krawatte** – sie wurde nämlich in Kroatien erfunden! Insofern stellt sie ebenfalls ein originales Souvenir dar, auch wenn sich die in den Dubrovniker Geschäften verkauften Krawatten nicht von den überall sonst erhältlichen unterscheiden.

Immer größer wird die Auswahl typischer **Lebensmittel.** Dubrovniker Tradition ist die Herstellung von *arancini,*

Edelboutique in mittelalterlichen Mauern: Maria (s. S. 90)

kandierten Orangenschalen, und von *broštulani,* Zuckermandeln, sowie dem *kontonjata* genannten Quittenkäse. Aus den Bitterorangen werden auch Marmeladen und Gelees hergestellt. Olivenöl, Honig sowie hervorragende Rot- und Weißweine kommen aus dem Konavle-Tal im äußersten Süden des Landes.

Frische Lebensmittel, Honig, kandierte Früchte und Olivenöl kann man auf den beiden **Märkten** an der Gundulićeva poljana 11 und in Gruž 32 direkt bei den Erzeugern kaufen. Markt ist von Montag bis Samstag am Vormittag. Spätestens um 12 Uhr bauen die Bauern ihre Stände allerdings ab.

Die meisten **Läden** innerhalb der Altstadt befinden sich im näheren Umfeld der Hauptstraße Placa (Stradun) 4. Mehrere kleine Einkaufszentren mit Bekleidung befinden sich in Lapad und Gruž, die Auswahl ist allerdings so provinziell, dass die meisten Dubrovniker zum Einkaufen nach Split fahren.

In der **Hochsaison** haben fast alle Läden täglich von morgens bis spätabends geöffnet. Im **Winterhalbjahr** ist der Sonntag meist ein Ruhetag und die Geschäfte schließen gegen 19 Uhr, je nach Kundenaufkommen teilweise auch bereits früher.

Antiquitäten, Kunsthandwerk und Souvenirs

110 [D2] **Bačan,** Prijeko 6, Tel. 321121, geöffnet: Mo–Sa 9.30–15.30, 17.30–20.30, So 9.30–15.30 Uhr. Eine gute Adresse für Stickereien aus dem Konavle, vom Taschentuch bis zur Tischdecke.

111 [C2] **Break Time – Nautical Bracelets,** Antuninska 5, Tel. 716553, geöffnet: im Sommer tägl. 9.30–21.30 Uhr. Armbänder, Halsketten, Freundschaftsbänder mit nautischen Motiven und alles wasserfest – das Geschenk für daheimgebliebene Seebären.

› **Deša,** in den Lazareti 27, Tel. 420145, http://desa-dubrovnik.hr. Die gemeinnützige Initiative sollte man allein schon wegen ihres Engagements durch den Kauf der hergestellten Produkte unterstützen. Aber das schöne Kunsthandwerk (vor allem Seidenstickereien) und die köstlichen Naturprodukte wie Orangemarmelade und Honig sind ihr Geld auch unbedingt wert.

112 [D2] **Dubrovnik City Shop,** Boškovićeva 7, Tel. 098 9006860, www.facebook.com/GameofThrones Dubrovnik, geöffnet: Sommer tägl. 9–21 Uhr. Für GoT-Fans führt kein Weg daran vorbei. Hier gibt es allerlei Memorabilien zu Game of Thrones und eine Kopie des Eisernen Throns für die Selfies.

113 [E2] **Ivo Biočina,** Ulica Vrata od Ploča 1, Mobil 091 5364056, geöffnet: Mo–Sa 9–16 Uhr. Ivo Biočina ist Steinmetz und verkauft in seinem kleinen Atelier am Dominikanerkloster Repliken Dubrovniker Motive, aber auch eigene kreative Arbeiten. Es gibt auch schöne kleine Stücke.

114 [C3] **Kokula,** Đorđićeva 6, Tel. 324812, geöffnet: tägl. 10–20 Uhr. Das sympathische Familienunternehmen verkauft authentische Souvenirs, darun-

EXTRATIPP

Supermarkt und Apotheke

Die **Supermarktkette Konzum** hat zwei Altstadtfilialen (Gundulićeva poljana und Antuninska ulica) und eine dritte vor dem Pile-Tor 22. Wer Medikamente benötigt, findet zwei **Apotheken** an der Placa (Stradun) 4, eine dritte befindet sich innerhalb des Franziskanerklosters 3.

115 [D3] **Konzum (1),** Gundulićeva poljana

116 [A2] **Konzum (2),** Brsalje 11

ter wunderschöne Stickereien, die die Frauen des Hauses selbst herstellen. Andere Arbeiten wie die traditionellen, mit Wachs geschmückten Ostereier steuern Kunsthandwerker aus dem Konavle-Tal bei. Hübsch und originell sind die filigranen Puppen der Künstlerin Jasmina Kosanović.

117 [E1] **Luna+Sol Art Gallery,** Petra Krešimira 7, Mobil 098 209150, geöffnet: Sommerhalbjahr Mo–Sa 10–14, 17–21, So 10–15 Uhr. Hier wird das historische Erbe gepflegt: In nostalgischem Ambiente bietet dieses Geschäft Antiquitäten, Repliken und Dubrovniker Souvenirs zum Verkauf.

118 [D2] **Medusa,** Prijeko 18, www.medusa.hr, geöffnet: tägl. 9–18 Uhr. Vorrangig lokale Produkte wie Stickereien, Krawatten, Keramikarbeiten, handgeschöpfte Seifen, Öl und Honig gibt es bei Medusa.

119 [C3] **Moje Tezoro,** Između Polača 13, Tel. 323523, www.moje-tezoro.hr, geöffnet: Mo–Fr 9–12, 17–20, Sa 9–13 Uhr. Hier finden Kenner kostbare Stücke wie Ohrringe aus dem 18. Jh., Ikonen, Gemälde und sogar Mobiliar.

› **Museumsshop des Rektorenpalastes** 9, Pred Dvorom 3, Tel. 321039, geöffnet: Ende März–Anfang Nov., tägl. 9–18 Uhr. Im Museumsshop des Rektorenpalastes findet man hübsche Repliken berühmter Dubrovniker Ausstellungsstücke, Bücher, Kataloge, Postkarten, Schmuck und Accessoires.

120 [D3] **Tilda,** Zlatarska 1, http://tildadubrovnik.com, geöffnet: Mo–Sa 10–20 Uhr. Kunsthandwerk, Heimtextilien, Schmuck – bei Tilda gibt es eine breite Auswahl schöner, gut gearbeiteter Mitbringsel.

121 [ej] **Workshop Be Craft,** Petra Krešimira IV. 31, Tel. 312646, www.becraft.eu, Mo–Fr 9–16 Uhr. Originelles, poppiges Kunsthandwerk, schöne Glas- und Keramikarbeiten. In der Galerie arbeiten drei Kreative zusammen.

Bücher

122 [C2] **Algebra,** Placa 9, Tel. 323217, www.knjizara-algebra.hr, geöffnet: Sommer Mo–Sa 8.30–22, So 10.30–21 Uhr, im Winter kürzer. Neben einem großen Sortiment kroatischer Literatur führt die Buchhandlung Bücher in englischer, französischer und deutscher Sprache, vorrangig zum Thema Dubrovnik und Dalmatien.

Mode und Accessoires

123 [D2] **Aqua,** Zamanjina 1, www.aquamaritime.hr, geöffnet: Mo–Sa 9–19 Uhr. Dieses Ladengeschäft und eine weitere Filiale der Kette locken mit quietschbunten Strandaccessoires – von Flip-Flops bis zum Badehandtuch und vom Bikini bis zum Sonnenhut – selbst Sonnenmuffel in ihre Verkaufsräume.

124 [D3] **Borza,** Pred Dvorom 2, www.borzagrupa.hr geöffnet: tägl., Sommer 10–21, Winter bis 18 Uhr. Hier gibt es todschicke Handtaschen und Accessoires von Modelabels wie Chloé oder Braccialini, aber auch kroatische Stücke der Marken Croata oder Penkala.

125 [D3] **Croata,** Pred Dvorom 2, Tel. 323526, www.croata.hr, geöffnet: Mo–Fr 9.30–19, Sa bis 13.30 Uhr. Kroatische Krawatten in allen Farben, Mustern und Breiten!

126 [F2] **Life According to Kawa,** Hvarska 2, geöffnet: Mo–Sa 10–18 Uhr. In diesem schicken Laden stellen kroatische Designer ihre Accessoires und Möbel vor, außerdem werden Lebensmittel und Getränke aus der Region angeboten.

127 [E2] **Maria,** Sv. Dominika, Tel. 321330, www.mariastore.hr, geöffnet: Winter Mo–Sa 10–17, Sommer tägl. bis 24 Uhr. In eleganten Geschäftsräumen zwischen Dominikanerkloster und Ploče-Tor wird Mode der führenden europäischen Designer präsentiert.

Öl, Honig, Wein

128 [E2] **Dubrovačka kuća,** Od sv Dominika, geöffnet: tägl. 9–21 Uhr. Das exquisite Geschäft bietet ein breites Sortiment an hervorragenden kroatischen Weinen, Ölen und anderen Lebensmitteln sowie ausgewähltes Kunsthandwerk.

129 [ch] **Gligora,** Obala Stjepana Radića 13, Tel. 324100, geöffnet: Mo–Sa 7–14, im Sommerhalbjahr bis 20 Uhr. Gligora ist eine preisgekrönte und die wohl bekannteste Käserei auf der norddalmatinischen Insel Pag. In ihrem Laden am Hafen gibt es den berühmten Pager Käse, aber auch Weine, Marmelade und Olivenöl zu kaufen.

130 [C2] **Uje,** Placa 9, Tel. 321532, www.uje.hr, geöffnet: tägl. 9–20 Uhr. Der Laden einer kroatischen Feinkostkette verkauft neben dem namensgebenden Öl auch Marmeladen, eingelegten Käse und Meeresfrüchte sowie viele weitere mediterrane Produkte.

131 [C2] **Vinoteka Miličić,** Placa 24, Tel. 321777, www.facebook.com/DORA17373, geöffnet: Mo–Sa 9–20 Uhr. Die Familie Miličić besitzt einen bekannten Weinkeller auf der Halbinsel Pelješac und verkauft hier eigene Weine, aber auch empfehlenswerte Rebsäfte anderer Produzenten. Außerdem sind Obstbrände und Süßigkeiten im Angebot.

Märkte

Selbstversorger finden auf dem täglich stattfindenden **Markt** an der **Gundulićeva poljana** 11 im Herzen der Altstadt ein kleines, jahreszeitlich geprägtes Angebot an Obst und Gemüse aus der Region. Karotten, Zucchini, Oliven, Weintrauben, Äpfel, Kirschen und im Sommer verschiedene Beeren bringen die Bauern von den Feldern im Konavle-Tal entweder hierher oder auf den großen Grünmarkt im Stadtteil **Gruž** 32. Der Fischmarkt in Gruž wird ebenfalls jeden Tag mit dem frischen Tagesfang bestückt.

Schmuck

132 [D2] **Križek,** Boškovićeva 2, Tel. 322027, http://krizek.hr, geöffnet: Mo–Fr 9–20, Sa 9–14 Uhr. Der Traditionsbetrieb existiert seit 1935, das Sortiment ist modern und sehr schick.

133 [C2] **Zlatar Jurišić,** Od Sigurate 2, geöffnet: Mo–Sa 9–17 Uhr. In dem Schmuckgeschäft bekommt man schönen Filigranschmuck und die traditionellen kugelförmigen Ohrringe aus Dubrovnik.

134 [D3] **Zlatar Kraljević,** Lučarica 2, Tel. 324119, geöffnet: Mo–Sa 9–18 Uhr. Mladen Kraljević gehört zu den alteingesessenen Goldschmieden, die u. a. die traditionellen goldenen Ohrringe *rečini* herstellen.

012du Abb.: nk

Morgens auf dem Bauernmarkt auf der Gundulićeva poljana 11

Dubrovnik zum Träumen und Entspannen

Dubrovnik ist eine ungemein **romantische Stadt**, nur leider hat man sie selten für sich allein. Jeder einzelne Platz und so gut wie jede Gasse ist erfüllt vom **nostalgischen Flair**, das in den Abend- und Nachtstunden bei flackernder Beleuchtung besonders gut zur Geltung kommt. Trotz der vielen Kneipen und Restaurants wirkt hierbei **das Viertel nördlich der Placa (Stradun)** 4 besonders authentisch. Entlang der **ulica Prijeko** 20 erinnern mehrere Palazzi, darunter der vorbildlich restaurierte Prijeko Palace Ecke Palmotićeva an die goldene Ära Ragusas im 15./16. Jh. Auch im Stadtteil **Pustijerna** 14 sind noch repräsentative Paläste erhalten. Hier können Besucher auch durch Ruinen streifen, in denen archäologische Grabungen neue Einblicke in die Frühgeschichte der Stadt erlauben. Von Pustijerna ausgehend und sich möglichst entlang der Stadtmauer haltend läuft man durch richtige Wohnviertel, in denen Läden oder Restaurants noch kaum vertreten sind. Wäsche hängt zum Trocknen, Mini-Gärten werden bestellt und die Kinder spielen auf der Straße. Übrigens bietet sich auch beim Rundgang auf der **Stadtmauer** (22–25) ein interessanter Blick auf diesen Teil der Stadt. Von Pustijerna gelangt man direkt zum **Alten Hafen** 7, dessen Mole Porporella Verliebte anzieht. Die Plätze auf den Bänken sind vor allem zum Sonnenuntergang begehrt.

Besinnliche, romantische Orte sind auch die **Kreuzgänge der beiden Klöster**, Franziskanerkloster 3 am Pile- und Dominikanerkloster 18 am Ploče-Tor. In beiden wachsen Orangenbäumchen, Palmen und Rosen. Wenn nicht gerade eine Reisegruppe durchgeführt wird, sind es kleine Paradiese.

Außerhalb der Altstadt locken die **Parks** von **Gradac** 31, **Lapad** und **Babin Kuk** mit schattigen Spazierwegen. Am Fuß des Gradac-Hügels schmiegt

Das Arboretum Trsteno 34 mit seinem Hafenkai ist ein kleines Paradies

sich das Kirchlein von Danče an die Mauern des Franziskanerinnenklosters – außerhalb der Badesaison ist der Strand unterhalb des Klosters ein romantisches Plätzchen mit weitem Blick aufs Meer.

In der nördlichen Umgebung von Dubrovnik gibt es kaum einen besinnlicheren Ort als das wunderbare **Arboretum Trsteno** 34 mit seinen exotischen Pflanzen, romantischen Brunnen und Statuen und dem grandiosen Blick auf die Elafitischen Inseln. Die nördlichste dieser Eilande, **Šipan** 38, wird seltener besucht als die beiden Schwesterninseln Lopud 37 und Koločep 36 und sei all denen empfohlen, die gerne kleine Wandertouren unternehmen. Altkroatische Kapellen und Ragusaner Sommervillen gibt es hier zu entdecken, viele sind allerdings ziemlich verfallen. Nach Süden lohnt trotz des touristisch aufbereiteten Tanzspektakels ein Besuch in **Čilipi** 40. Das Konavle-Dorf besitzt nicht nur ein sehr schön gestaltetes Volksmuseum; man erlebt hier auch den dörflichen Alltag. Während die jungen Leute nach der Sonntagsmesse vor der Kirche für die Besuchergruppen tanzen, ziehen sich die Männer in eine der Kneipen am Kirchplatz zurück, um über Politik, das Dorf oder Gott und die Welt zu diskutieren und dabei tüchtig dem Wein und Schnaps zuzusprechen.

Einen **Strandtag** mit Altstadtkulisse kann man auf der Insel Lokrum 28 oder am Strand Banje neben den Lazareti 27 einlegen. Nicht ganz unkompliziert ist es, über die Felsen des Buža-Strands, erreichbar durch ein Tor in der Stadtmauer, ins Wasser zu klettern, dafür badet man dort mit der Dubrovniker Szene. An den schöneren und leichter zugänglichen Stränden von Lapad und Babin Kuk trifft man eher auf internationales Publikum, das in den dortigen Hotels residiert.

EXTRATIPP

Ruhepole

In der Hochsaison dürfte es schwierig werden, in Dubrovnik ein ruhiges Plätzchen zu finden. Doch dank der vielen **Grünanlagen** bestehen Chancen, sich dem Rummel für eine kurze Pause zu entziehen. Altstadtnah lockt westlich des Pile-Tors der Park von Gradac 31 mit schattigen Wegen und Bänken. In umgekehrter Richtung, eine kurze Schifffahrt vom Alten Hafen entfernt, bietet die Insel **Lokrum** 28 selbst im Hochsommer Schatten, verschwiegene Felsbuchten und Spazierwege. Bis zum höchsten Punkt mit dem Fort Imperial (97 m) steigen ohnehin nur wenige hinauf.

In der Altstadt gilt als Faustregel: Je weiter weg von den Highlights, desto ruhiger wird es. Den Stadtteil **Pustijerna** 14 beispielsweise, der sich südlich der Kathedrale bis zur Stadtmauer und nach Osten bis zum Fort Sv. Ivan erstreckt, kann man oft völlig allein durchstreifen. Auch die Grünanlage im ehemaligen Wassergraben vor der Westmauer rund ums Pile-Tor 22 ist wenig besucht.

Ein ruhiges **Café** zu finden, ist in den Sommermonaten kaum möglich. Am größten sind die Chancen in den Seitengassen, so im Glam Café (s. S. 84) in der Palmotićeva ulica. Wegen des daran vorbeirauschenden Autoverkehrs ist er nicht gerade ruhig, dafür kann man den Garten vor dem Palazzo, in dem das Rektorat der Universität Dubrovnik residiert, aber mit ziemlicher Sicherheit für sich allein genießen (ulica Branitelja Dubrovnika 29, Mo–Fr 9–15 Uhr).

Zur richtigen Zeit am richtigen Ort

Frühjahr

› **Dubrovniker Karneval.** Wie Venedig besitzt auch Dubrovnik eine reiche Karnevaltradition. Eigens für die Festtage wurden Komödien geschrieben und aufgeführt. Heute prämiert man die schönsten Masken und feiert bei Livemusik in der Altstadt.

› **Austernfest in Ston.** Am vorletzten oder letzten Sonntag im März gibt es auf den Plätzen in Mali Ston 35 Austern satt! Den genauen Termin erfährt man bei der Tourist-Info (s. S. 115).

› **Aklapela.** Am letzten Aprilwochenende kommen die besten klapa-Gruppen (A-capella-Chöre) Kroatiens zusammen, um an so romantischen Veranstaltungsorten wie dem Rektorenpalast oder der Kirche des Dominikanerklosters ihre nicht minder romantischen Weisen vorzutragen. Das Programm findet sich unter www.aklapela.hr, Eintrittskarten kosten zwischen 50 und 70 Kn und sind in der Tourist-Info und bei ausgewählten Verkaufsstellen (Buchhandlung, Kiosk) erhältlich.

› **FestiWine.** Ebenfalls am letzten Aprilwochenende können Besucher dieses Festivals in den Lazareti 27 kroatische Weine verkosten (www.dubrovnikfestiwine.com).

Sommer

› **Le Petit Festival du Théâtre.** In der letzten Juniwoche bespielen internationale Theatergruppen die Stadt. Jedes Festival steht unter einem Leitmotiv (2019 „Time"), zu dem die Protagonisten mit Performances, Theaterstücken, Lesungen etc. beitragen. Das Programm findet sich unter http://lepetitfestival.com, Eintrittskarten sind online, in der Tourist-Information (s. S. 115) und bei ausgewählten Verkaufsstellen (Buchhandlung, Kiosk) erhältlich.

› **Dubrovniker Opernfestival.** Ende Juni/Anfang Juli wird das Atrium des Rektorenpalastes zur Bühne für die großen Leidenschaften (www.dso.hr). Begleitet vom Dubrovniker Symphonischen Orchester treten renommierte Sänger und Sängerinnen auf.

› **Dubrovniker Sommerfestival.** Zum Festival im Juli und August werden hochkarätige Künstler erwartet, die an historischen Aufführungsorten auftreten. Das Programm reicht von Kammermusik über philharmonische Konzerte und Aufführungen klassischer Theaterstücke bis hin zu Zirkus, Performances und Film. Einer der Höhepunkte sind die Auftritte der Folkloregruppe Linđo (s. S. 87) auf der Terrasse des Forts Revelin. Zudem sind Örtlichkeiten zugänglich, die man sonst nicht besichtigen kann wie der Sommerpalast Skočibuha in Gruž. Das Programm findet sich unter www.dubrovnik-festival.hr, Eintrittskarten kosten zwischen 75 und 400 Kn und sind online, in der Tourist-Information und an ausgewählten Verkaufsstellen (Buchhandlung, Kiosk) erhältlich.

› **Vaterpolo divlja liga.** Wasserball *(vaterpolo)* ist *der* Sport in Dubrovnik und der lokale Klub „Jug" ist regelmäßig kroatischer Champion. Bei dieser „wilden Liga" treten von Mitte Juli bis Mitte August Teams der jeweiligen Strände gegeneinander an (www.divljaliga.com). Das Endspiel findet im Alten Hafen statt – ein Event, das man nicht versäumen sollte!

EXTRAINFO

Veranstaltungen und Termine

Aktuelle Informationen zu den Veranstaltungen finden sich unter www.tzdubrovnik.hr.

- **Süddalmatinische Regatta.** Am ersten Augustwochenende wetteifern die Segler auf der Strecke zwischen Orebić (Halbinsel Pelješac) und Dubrovnik miteinander. Informationen und Termine bei der Tourist-Info (s. S. 115).
- **Musikfestival Park Orsula.** Zwischen Mitte Juni und September ist das Open-Air-Theaterrund am höchsten Punkt des Orsula-Parks (s. S. 87), unweit der Ruine des Kirchleins Sv. Orsula, Schauplatz von Konzerten und Theateraufführungen. Was beeindruckt mehr – das Panorama oder die Vorstellung? Das Programm findet sich unter www.parkorsula.du-hr.net, Eintrittskarten sind online, in der Tourist-Info und an ausgewählten Verkaufsstellen (Buchhandlung, Kiosk) erhältlich.

Sonntags wagen die Leute von Čilipi **40** *ein Tänzchen vor der Kirche*

Herbst/Winter

- **Ston Wall Marathon.** Ende September treffen sich Läufer zum Marathon um das Städtchen Ston, wo die Strecke zum Teil auf der historischen Stadtmauer verläuft. Zur Auswahl stehen neben der Marathondistanz auch Laufstrecken über 10 bzw. 4 Kilometer. Weitere Informationen im Internet unter http://ston-wall-marathon.com.
- **Good Food Festival.** Ende Oktober steht Dubrovnik vier Tage lang ganz im Zeichen der guten Küche – einerseits mit Workshops und Kochseminaren preisgekrönter Küchenchefs, andererseits mit einem umfangreichen (und preiswerten), speziell für das Festival kreierten Menüangebot in den Restaurants. Für Schleckermäuler wird sogar ein Süßigkeiten-Stadtplan aufgelegt. Das Festival ist ideal, um kostengünstig in den Genuss Dubrovniker Spezialitäten zu kommen.

- **Festival der Marmelade.** Dieses Fest, das Mitte Oktober vor der St.-Blasius-Kirche abgehalten wird, feiert Marmeladen und Gelees aus der autochthonen, leicht bitter schmeckenden Orangensorte „Bitterorange" und aus anderen Früchten. Informationen und Termine erfährt man bei der Tourist-Information (s. S. 115).
- **Adventsmarkt.** Die historische Stadt im Glitzer von Lichterketten und Weihnachtssternen – auch das ist ein Erlebnis. Verkauft werden Kunsthandwerk und traditionelles Gebäck. Der Markt dauert von Anfang Dezember bis zum 6. Januar und findet am Luža-Platz vor der Kirche Sv. Vlaho 8 statt.
- **Silvesterparty auf der Stradun.** Ausgelassenes Fest zum Jahreswechsel auf einer der schönsten Straßen Dubrovniks.
- **Fest des hl. Blasius.** Rund um den Patronatstag des Sv. Vlaho am 3. Februar wird eine Woche lang mit Konzerten, Lesungen und Marktständen gefeiert, am Festtag selbst mit einem Gottesdienst vor seiner Kirche und einer feierlichen Prozession durch die Stadt.

Offizielle kirchliche und staatliche Feiertage

- **1. Januar:** Nova godina (Neujahr)
- **6. Januar:** Sveta tri Kralja (Heilige Drei Könige, Epiphanias)
- **Ostersonntag und Ostermontag**
- **1. Mai:** Praznik rada (Tag der Arbeit)
- **Fronleichnam**
- **22. Juni:** Dan antifašisticke borbe (Tag des antifaschistischen Kampfes)
- **25. Juni:** Dan državnosti (Nationalfeiertag)
- **5. August:** Dan zahvalnosti (Danksagungstag)
- **15. August:** Velika Gospa (Mariä Himmelfahrt)
- **8. Oktober:** Dan neovisnosti (Unabhängigkeitstag)
- **1. November:** Svi sveti (Allerheiligen)
- **25./26. Dezember:** Božić (Weihnachten)

DUBROVNIK VERSTEHEN

003du Abb.: nk

Dubrovnik – ein Porträt

Hat hier ein Hollywood-Regisseur vergessen, seine aufwendige und überaus echt wirkende Filmkulisse abzubauen? Mauern, Festungen und Bollwerke von atemberaubender Perfektion rahmen eine Altstadt voller Paläste und Kirchen ein, deren hervorstechendstes Charakteristikum blendend heller Marmor zu sein scheint. Die erste Meinung über Dubrovnik ist: Das kann nicht echt sein. Ist es aber. Diese Stadt steht seit 1500 Jahren. Sie wurde viele Male belagert, angegriffen, zum Teil zerstört – zuletzt im Jugoslawienkrieg 1991/92 –, aber man hat sie wieder aufgebaut, noch schöner, als sie vorher war.

Zurück zum Film: Als Kulisse diente und dient Dubrovnik tatsächlich. Unzähligen **Filmproduktionen** lieh sie ihre lichte, aber strenge Schönheit, zuletzt der Fantasysaga „Game of Thrones", einigen Episoden von „Star Wars VIII – Die letzten Jedi" sowie der Neuverfilmung von „Robin Hood" mit Jamie Foxx. Als Kulisse stellt sich die „Perle der östlichen Adria" auch manch einem Prominenten zur Verfügung, der sich auf der Promenierstraße Placa (Stradun) vor barockem Hintergrund ablichten lässt: Kevin Spacey, Michael Douglas, Nick Nolte, John Malkovich, Beyoncé und Catherine Zeta-Jones wurden u. a. gesichtet. Am liebsten aber betrachtet die elegante Dame ihre eigenen Bewohner beim **Auf- und Abbummeln in den frühen Abendstunden**, wenn das in Jahrhunderten glatt polierte Pflaster im Schein der Laternen schimmert. Dann ist Dubrovnik, sind die Dubrovniker ganz bei sich und lassen sich weder von Touristen noch von Kameras von ihrer Lieblingsbeschäftigung ablenken: sehen, gesehen werden, Freunde und Verabredungen treffen, flirten, stolz den Nachwuchs präsentieren, philosophieren und dabei mit unnachahmlichem Geschick hoch getürmte

Vorseite: Von der Stadtmauer (s. S. 35) sieht man Ruinen der mittelalterlichen Bebauung

Eiswaffeln balancieren. Übrigens nennen sie das *đir,* vom italienischen *girare,* herumlaufen. Auch so eine Dubrovniker Besonderheit – überall sonst in Kroatien heißt der abendliche Bummel *korzo.* Dass Dubrovnik oder zumindest der südlich der Placa (Stradun) gelegene Teil ursprünglich eine Insel war, davon ist heute nichts mehr zu merken. Die **mauerumgürtete Altstadt** schmiegt sich zwischen den 402 m hohen **Berg Srđ** und die Adria. Ein Teil ihrer Neustadt, die Viertel **Pile** (benannt nach dem westlichen Altstadttor), **Ploče** (benannt nach dem östlichen Altstadttor) und **Gruž** (um den Hafen), erstreckt sich entlang der steil ansteigenden Srđ-Flanken und der tief eingeschnittenen, schmalen Hafenbucht von Gruž. Der **andere Teil der Neustadt** breitet sich von der Südseite der Gružer Bucht über die teils mit Wald bestandenen Halbinseln Lapad und Babin Kuk nach Südwesten aus. Hier liegen die Hotelzonen mit den meisten Strandhotels. Nördlich der Stadt greift ein fjordartiger Arm tief ins Festland hinein, die **Rijeka Dubrovačka.** Tatsächlich handelt es sich um den hier ans Tageslicht tretenden Karstfluss **Ombla**, Dubrovniks wichtigste Süßwasserquelle. Lange war die Stadt von **Norden** her nur nach langer Kurverei um diese „Bucht" erreichbar, heute kürzt eine Brücke den Weg ab.

Dubrovnik wirkt nirgends beengt – die „Neubauviertel", die ihre Wurzeln in der Renaissance haben, als der Dubrovniker Adel seine Villen außerhalb der Altstadtmauern errichtete,

KURZ & KNAPP

Die Stadt in Zahlen

- **Gegründet:** 6. Jh.
- **Einwohner:** 44.000, davon ca. 900 in der Altstadt
- **Bevölkerungsdichte:** 300/km²
- **Fläche:** 143 km²
- **Höhe ü. M.:** 0
- **Stadtbezirke:** Stari Grad (Altstadt), Ploče, Pile, Gruž, Lapad, Babin Kuk
- **Touristen/Ankünfte 2019:** 1,35 Mio.

Seit 1979 zählt die Altstadt zum UNESCO-Weltkulturerbe

023du Abb.: fo© Aleksandrs Kosarevs stock.adobe.com

sind großzügig angelegt. An den Hängen des Srđ staffeln sich Einfamilienhäuser hoch hinauf. Nur rund um das **Hafenbecken** ist etwas Städtisches spürbar, wenn die Fährschiffe ein- und auslaufen, Lkws ungeduldig auf die angelandeten Container warten, Busse die Passagiere in die verschiedenen Stadtteile oder ins Hinterland transportieren. Diese Hektik dauert aber meist nicht lange. Nervenaufreibend ist hingegen die Ankunft und Abfahrt der hochhausgroßen Kreuzfahrtschiffe, die den Hafen ausfüllen und deren Fahrgäste in die bereitgestellten Sightseeingbusse umsteigen. Weil diese Besuchermassen selbst die ungewöhnlichste Stadt erdrücken könnten, würden wir jedem Dubrovnik-Besucher empfehlen, in der Stadt zu übernachten. Am Morgen und Abend ist man dann ganz unter sich mit den Dubrovnikern, und tagsüber kann man ja baden gehen.

Von den Anfängen bis zur Gegenwart

Viele Jahrhunderte lang bildete Dubrovnik, das ehemalige **Ragusa**, dank seiner strategisch günstigen Lage im Südostbalkan und seiner weit reichenden Handelsbeziehungen das Bindeglied zwischen Mitteleuropa und dem Osmanischen Reich. Als einzige Stadt an der Ostadria bot sie Venedig Paroli, das Ragusa mehrmals vergeblich belagerte und nur einmal einnahm. Ebenso scheiterten die osmanischen Heerführer am Verteidigungssystem der Ragusaner Mauern und Festungen. Doch Ragusa erhielt sich seine Unabhängigkeit auch mit Verhandlungsgeschick und großzügigen Tributen, für die besonders Konstantinopel empfänglich war. Seit dem verheerenden Erdbeben von 1667 fand Ragusa trotz schnellen Wiederaufbaus nicht wieder zur alten Macht und Wohlstand zurück. Als Napoleon 1806 die Stadtrepublik annektierte, war sie nur noch ein Schatten ihrer selbst. Die Rolle Dubrovniks im jugoslawischen und dann im kroatischen Staat war und ist die einer Kulturmetropole und des Touristenmagneten Nummer eins an der Ostadria.

Altertum

228 v. Chr.: Römische Kolonisten gründen 15 km südlich des heutigen Dubrovnik die Siedlung Epidaurum. Sie entwickelt sich zu einer blühenden Handelsstadt.

3. Jh. v. Chr.: Illyrische Siedler lassen sich auf einer Felsinsel nieder, dem späteren Ragusa/Dubrovnik.

Spätantike und frühes Mittelalter

6. Jh. n. Chr.: Der oströmische Kaiser Justinian I. lässt die Insel befestigen und eine Basilika errichten.

7. Jh.: Awaren und Slawen zerstören Epidaurum. Die romanischen Bewohner flüchten nach Norden und finden auf der von Illyrern besiedelten Insel Unterschlupf, die wegen der steilen Klippen Lausion (vom Griechischen *lau,* steil) genannt wird. Durch Lautverschiebung entwickelt sich daraus der Name Ragusa. Wahrscheinlich zur selben Zeit siedeln slawischstämmige Kroaten auf dem schmalen Festlandstreifen am Fuß des Sergiusberges (heute Berg Srđ) der Insel gegenüber. Nach den dichten Eichenwäldern (Wald slaw. *dubrava*) nennen sie die Stadt Dubrovnik.

9. Jh.: Die beiden Siedlungen treiben Handel miteinander und nähern sich an. Gemeinsam überstehen sie 866 eine

15-monatige Belagerung durch die Sarazenen und werden schließlich von der byzantinischen Flotte befreit.

948: Venedig unternimmt einen ersten Versuch, das als Konkurrenz wahrgenommene Ragusa zu erobern. Dass dies nicht gelingt, rechnen die Ragusaner dem hl. Blasius (Sv. Vlaho) an, der seitdem als Schutzpatron der Stadt verehrt wird.

KURZ & KNAPP

Im Dunkeln der Geschichte

Wenig Klarheit herrscht über die **Ursprünge Ragusas.** Historisch gesichert ist die Gründung durch Flüchtlinge aus Epidaurum im 7. Jh. Jüngste Ausgrabungen im Altstadtbereich förderten die Fundamente älterer Befestigungsmauern und einer Kapelle zutage (5. Jh.).

Mittelalter

11. Jh.: Der Kanal zwischen Dubrovnik und Ragusa ist weitgehend verlandet und wird zugeschüttet. Er wird zur Hauptstraße des neuen Ragusa – der heutigen Placa (Stradun).

11.–13. Jh.: Ragusa steht seit seiner Gründung unter dem Schutz von Byzanz, geht zugleich aber auch Allianzen mit den angrenzenden Völkern ein, so mit dem Ban (Fürsten) von Bosnien, der der Stadt Handelsprivilegien gewährt und sein Reich für die Ragusaner Händler öffnet. Ähnliche Verträge werden mit Serbien und Byzanz geschlossen. Aus Bosnien und Serbien bezieht Ragusa Metalle und Holz, die für den Schiffsbau verwendet werden.

1032: Dubrovniks Flotte kämpft an der Seite von Byzanz gegen die Araber.

1050: Der kroatische König Stjepan I. beschenkt Ragusa mit einem schmalen Küstenstreifen, der bis ins 16 km nördlich liegende Zaton reicht und die Ombla-Mündung mit einschließt. Die Stadt hat damit verlässlichen Zugang zu Süßwasser.

1153: Der arabische Historiker Al-Idrisi bezeichnet Ragusa als die südlichste Stadt des kroatischen Reiches.

1205: Im Rahmen des vierten Kreuzzugs besetzt Venedig mehrere Küstenstädte an der östlichen Adria. Auch Ragusa muss sich unterwerfen, hohe Tribute leisten und dient der venezianischen Flotte als Stützpunkt.

14. Jh.: Ragusa tätigt Landkäufe und erwirbt von Serbien die Halbinsel Pelješac. Auch die Inseln Mljet und Lastovo gehören nun zu Ragusa.

Stadtrepublik

1358: Im Vertrag von Zadar wird Venedig gezwungen, auf seine Ansprüche in Dalmatien zu verzichten. Ragusa akzeptiert die Oberhoheit des kroatisch-ungarischen Königreichs, das der Stadt weitestgehende Autonomie gewährt.

< Dubrovniks Patron Sv. Vlaho hält ein Modell der Stadt in Händen

025du Abb.: nk

14./15. Jh.: Weitere Gebietszuwächse: Auch die Region zwischen Ragusa und Pelješac sowie das Konavle-Tal mit Cavtat, dem ehemaligen Epidaurum, gehören nun zu Ragusa. Mit dem Erwerb der Halbinsel Pelješac landete Ragusa einen Coup! Zum einen kann es sein Territorium an der Landenge bei Ston gegenüber den venezianischen Besitzungen nördlich davon mit einem einzigartigen Bollwerk befestigen, das als längstes Europas gilt. Zum anderen besitzt es mit dem Hügel über der heutigen Stadt Orebić einen Aussichtspunkt, von dem aus man das Geschehen in dem venezianischen Städtchen Korčula direkt gegenüber wunderbar beobachten kann, was die Patres des Franziskanerklosters im Auftrag Dubrovniks ausgiebig tun.

1458: Ragusa gibt dem osmanischen Drängen nach und schließt einen Vertrag, in dem es sich zu Tributzahlungen verpflichtet. Im Gegenzug garantiert Konstantinopel Unabhängigkeit in allen inneren Belangen und freien Handel zu Wasser und zu Lande. Ragusaner Händler sind von bestimmten Steuern befreit, Ragusaner Schiffe dürfen als einzige das Schwarze Meer befahren. Die Stadtrepublik unterhält Handelskolonien in osmanischen Städten, steht in Ländern, mit denen sie keine Handelsverträge unterhält, unter dem Schutz des Osmanischen Reiches und fungiert nun endgültig als Angelpunkt des Handels zwischen Mittelmeer und Nahem und Fernem Osten.

16. Jh.: Mit der portugiesischen Erforschung der Schiffsroute nach Indien und Kolumbus' Entdeckung Amerikas verlagern sich die Handelsrouten weg vom östlichen Mittelmeer. Sowohl Ragusa als auch Venedig sind von dieser Entwicklung betroffen.

6. April 1667: Ein verheerendes Erdbeben zerstört Ragusa, 5000 Menschen finden den Tod. Die Bauten im Stil von Gotik und Renaissance sind weitgehend vernichtet, nur der Sponza- und der Rektorenpalast überstehen die Verwüstung. Der Wiederaufbau erfolgt einheitlich im Stil des Barock.

1667: Die Venezianer wittern ihre Chance und tauchen mit ihrer Flotte vor dem zerstörten Ragusa auf, angeblich um Hilfe anzubieten. Der einzige überlebende Senator Nikolica Bunić lässt sich zum Flaggschiff rudern und lehnt im Namen von Rektor und Senat (die es beide nicht mehr gibt) die Hilfe dankend ab. Beeindruckt ziehen sich die Venezianer zurück.

1684: Gesandte der Stadtrepublik erneuern einen Vertrag mit dem kroatisch-ungarischen Königshaus der Habsburger, der diesem die Souveränität über Ragusa und jährliche Tributzahlungen zugesteht. Nun sind auch die kroatischen Adriahäfen für Ragusa geöffnet. Der Handel nimmt einen neuen Aufschwung.

1683: In der Schlacht am Kahlenberg bei Wien treten die Habsburger, der Kirchenstaat und das Königreich Polen gegen das Osmanische Heer unter Kara Mustafa an. Feldmarschall der österreichischen Truppen ist Frano Đivo Gundulić, Spross einer Ragusaner Adelsfamilie, deren Wurzeln bis ins 10. Jh. zurückreichen.

1699: Nach der verlorenen Schlacht vor Wien 1683 zieht sich das Osmanische Reich aus einigen seiner südosteuropäischen Eroberungen, darunter auch aus Ragusa, zurück. Bosnien und damit Ragusas Hinterland bleibt aber osmanisch.

18. Jh.: Venedig erhebt wieder Ansprüche auf das aus osmanischer Oberhoheit entlassene Ragusa, das sich durch die Türken im Rücken vom Festland her vor Angriffen geschützt fühlt. Um seine Nord- und Südgrenze abzusichern, überlässt Ragusa den Osmanen jeweils ein kleines Stück Küstenland im Norden und Süden seines Territoriums. Ergebnis der nördlichen Abtretung ist der bosnische Korridor bei Neum, der Dalmatien heute in zwei Teile zerschneidet.

Anfang des 19. Jh.: Noch einmal profitiert Ragusa von europäischen Zwistigkeiten. Im dritten Koalitionskrieg zwischen Frankreich und dessen Verbündeten sowie Großbritannien erklärte sich die Stadtrepublik für neutral. Englands Handelsverkehr läuft nach Verhängung der Kontinentalsperre nun zum Teil über Ragusa.

1806: Nach mehrmonatiger Belagerung durch russische und montenegrinische Truppen, die gegen Napoleon kämpfen und das von Patriziervillen und Gärten geprägte Umland der befestigten Stadt plündern, unterstellt sich Ragusa französischem Kommando. Napoleon marschiert in die Stadt ein und bedient sich großzügig an deren Kunstschätzen.

◁ *Die Stadtrepublik wusste sich zu verteidigen*

Von Napoleon bis Tito

1808: Die Stadtrepublik Ragusa wird aufgelöst und als Stadt Dubrovnik dem napoleonischen Königreich Italien einverleibt. Marschall Auguste de Marmont, neuer Oberbefehlshaber der Stadt, nimmt den Titel eines Herzogs von Ragusa an. Zwei Jahre später wird Dubrovnik Teil der von Napoleon neu geschaffenen Illyrischen Provinzen.

1813/1814: Belagerung Dubrovniks durch Kroaten, Montenegriner und Briten. Die Franzosen ziehen ab.

1815: Beim Wiener Kongress wird Dubrovnik der österreichisch-ungarischen Monarchie zugesprochen, in der die Stadt bis 1918 verbleibt.

Ende des 19. Jh.: Anfänge eines zumeist exklusiven Tourismus. Erzherzog Maximilian lässt auf der Insel Lokrum einen Palast errichten.

KURZ & KNAPP

Auguste de Marmont

Auguste de Marmont war eine steile Karriere und ein ebenso steiler Absturz beschieden, der zu einer **absurden Bereicherung der französischen Sprache** beitrug. 1808, mit Einrichtung der Illyrischen Provinzen, also der von Napoleon in Südosteuropa eroberten Territorien, wurde Marmont, der Herzog von Ragusa, zu deren Generalgouverneur ernannt. 1814 stand er, von Napoleon alleingelassen, mit 35.000 Mann mehr als 100.000 Soldaten der Koalition vor Paris gegenüber. Er sah sich gezwungen, die Stadt dem Feind zu übergeben und schlug sich schließlich auf die Seite des Senats, der den Kaiser für abgesetzt erklärt hatte. Diese Tat des „Ragusaners" blieb unvergessen: *raguser* bedeutet seitdem im Französischen **verraten.**

1918: Dubrovnik wird Teil des Königreichs Jugoslawien.

1939: Wegen seiner mehrheitlich kroatischsprachigen Bevölkerung kommt Dubrovnik verwaltungstechnisch zur Banschaft (später Republik) Kroatien.

1945: Nach Ende des Zweiten Weltkriegs wird Kroatien Teil der Sozialistischen Republik Jugoslawien unter Regierung des Partisanengenerals Josip Broz Tito.

Neuzeit

1950er- bis 1970er-Jahre: Aufschwung des Tourismus, zahlreiche Hotels werden auf Lapad und Babin Kuk errichtet.

1979: Dubrovnik wird zum UNESCO-Weltkulturerbe erklärt.

1980: Tito stirbt. Die jugoslawischen Teilrepubliken wehren sich gegen die zunehmende serbische Dominanz im Vielvölkerstaat.

1991: Nach einem Referendum erklärt sich Kroatien unter seinem Präsidenten Franjo Tuđman für unabhängig. Die von Serben dominierte jugoslawische Volksarmee versucht daraufhin, kroatische Gebiete zu besetzen. Es kommt zu kriegerischen Auseinandersetzungen, bei der beiden Seiten ethnische Vertreibungen und Gräueltaten vorgeworfen werden.

Juni 1991: Serbische und montenegrinische Truppen schließen Dubrovnik ein. Zu den kommandierenden Generälen zählt auch der spätere serbische Präsident Slobodan Milošević. Die Stadt liegt unter Granat- und Mörserbeschuss.

1. Okt. 1991: Telefon, Strom und Wasser werden gekappt.

6. Dez. 1991: Auf Dubrovniks Altstadt werden über 600 Granaten abgeschossen.

Frühjahr 1992: Kroatische Truppen befreien Dubrovnik. Die Kriegshandlungen verlagern sich auf andere Regionen und enden erst 1995. In Dubrovnik werden 114 zivile Opfer und 200 getötete Soldaten gezählt.

Ende 20./Anfang 21. Jh.: Die enormen Kriegsschäden an den historischen Gebäuden, darunter der Sponzapalast, werden mit internationaler Hilfe behoben.

2013: Kroatien tritt der EU bei.

2015–2020: Dubrovnik wird „zu Tode geliebt", nicht zuletzt wegen der Dreharbeiten zur Fantasyserie „Game of Thrones". Vor allem die per Direktflug und mit Kreuzfahrtschiffen Anreisenden sorgen für ausgeprägte Fußgängerstaus. Deshalb wird seit 2018 die Zahl der täglich anlegenden Kreuzfahrtschiffe auf zwei begrenzt.

Leben in der Stadt

Wie lebt es sich in einem „Museum", das im Sommerhalbjahr täglich von Tausenden von Menschen aus aller Herren Länder überflutet wird? Nicht schlecht, meinten die Dubrovniker noch bei einer Umfrage, die eine englische Management-Fakultät 2006 in Auftrag gegeben hatte, um die Auswirkungen des Tourismus auf die Bevölkerung zu untersuchen.

Das hat sich inzwischen drastisch geändert, denn die Besuchermassen machen es an manchen Tagen unmöglich, seinen Geschäften nachzugehen. Immer wieder passiert es, dass die Polizei wegen Überfüllung des historischen Zentrums die Altstadttore schließt. In manchen Gassen leben nur noch ein, zwei Familien, der Rest der restaurierten Häuser dient als Feriendomizil und steht den meisten Teil des Jahres leer. Proteste dagegen regen sich nur zaghaft.

Noch machen die Dubrovniker die Touristen nicht für **eventuelle Umweltschäden** verantwortlich, wenngleich man sich durchaus vorstellen kann, dass zu Spitzenzeiten die Ankunft von bis zu fünf Kreuzfahrtriesen täglich im Hafen Gruž nicht unbedingt zu den nachhaltigsten Phänomenen zählt. Nicht zufällig verbesserte sich die Wasserqualität des Meeres signifikant, als in den Jahren des Jugoslawienkriegs der Tourismus zusammenbrach. Eine **hohe Wasserqualität** ist den kroatischen Tourismusmanagern aber wichtig, schließlich bildet sie den Grundstock ihres Kapitals, und so wurde und wird viel dafür getan, sie zu erhalten – die mit der Blauen Flagge ausgezeichneten Strände und die ebenfalls prämierte ACI-Marina sind der Beweis, dass dies offensichtlich trotz des stetig anwachsenden Schiffsverkehrs geht.

Dass im Museum des Rektorenpalastes kostbare Gemälde und Dokumente durch die Feuchtigkeit der Atemluft leiden, mag vielen verglichen mit den großen Herausforderungen des Tourismus wie dem Bau neuer, noch luxuriöserer Hotelanlagen als Nebensächlichkeit erscheinen. Lange schauten die Dubrovniker dem Ausverkauf ihrer Stadt zu, doch plötzlich verstanden sie keinen Spaß mehr und votierten in einem Referendum 2013 gegen ein Golfressort auf dem Gipfelplateau des Berges Srđ.

Und weil es beim Golf so gut gelaufen war, opponierten die Dubrovniker (und mit ihnen viele andere Kroaten) auch gleich noch gegen ein geplantes und mit EU-Mitteln finanziertes unterirdisches Kraftwerk in der Karsthöhle, aus der der Fluss Ombla in die Rijeka Dubrovačka austritt – mit Erfolg. Der Geldgeber, die Europäische Bank für Wiederaufbau und Entwicklung, zog ihre Zusage zurück. Die Golfgegner konnten sich über ihren Erfolg allerdings nur kurz freuen – das Referendum war nicht verpflichtend und das Projekt bekam im Stadtrat grünes Licht. Ein hervorragendes Beispiel für die nach wie vor engen Verflechtungen zwischen Wirtschaft und Politik und für die in Kroatien grassierende **Korruption**, wie die Initiative Srđ je naš („Srđ ist unser“) meint. Immerhin kassierte ein Gericht in Split die Genehmigung 2016 wieder ein. Wie es weitergeht, steht in den Sternen.

Dubrovnik, das über lange Jahrhunderte eine wirtschaftlich wie politisch prominente Rolle auf dem Südbalkan spielte, kommt heute im kroatischen Staat vorrangig die Bedeutung zu, als eine der Hauptsehenswürdigkeiten des Landes Hunderttausende von Touristen und mit ihnen Devisen nach Kroatien zu bringen. Im **Kulturleben** hat Dubrovnik außerdem als Geburtsort bedeutender Künstler (z. B. des Poeten Ivan Gundulić und

026du Abb.: nk

⌃ *Hinter den Hausfassaden der Altstadt verbergen sich Gärten*

des Autors Ivo Vojnović) eine gewichtige Position, wenngleich heute aus der Stadt kaum Impulse für die aktuelle Kulturszene kommen. Als **Symbol für die Zähigkeit und Ausdauer des kroatischen Widerstands** und Unabhängigkeitskampfes gegen die von Serben und Montenegrinern dominierte jugoslawische Armee gilt die Stadt als einer der bedeutendsten kroatischen Schauplätze des Jugoslawienkrieges (s. S. 107).

Durch seine von Bergen und Meer begrenzte Lage auf einem schmalen, teils nur fünf Kilometer tiefen Küstenkorridor gibt es für Dubrovnik kaum **Wachstumsmöglichkeiten.** Neue Siedlungen breiten sich im Primorje genannten Küstengebiet nach Norden in Richtung der Rijeka Dubrovačka und an deren Ufer aus, wo früher die Villen und Gärten des Ragusaner (Geld-)Adels standen. Da die Stadt, vor allem nach den Zerstörungen der ohnehin kleinen, industriellen Infrastruktur während der Belagerung 1991/1992, abgesehen von Jobs in der Dienstleistung und besonders im Tourismus wenig Arbeitsmöglichkeiten bietet, ist der Zuzug beschränkt.

Obwohl die städtische Verwaltungsregion, die *županija* Dubrovnik-Neretva, im Süden an Montenegro grenzt und landeinwärts nahezu rundum von Bosnien-Herzegowina umschlossen ist, war die Dubrovniker Bevölkerung auch bereits vor dem Jugoslawienkrieg erstaunlich homogen. Damals lebten 82 % **Kroaten** in der Stadt, heute sind es 90 %. Rund vier Prozent bezeichneten sich im letzten Zensus (2011) als Serben, vor dem Auseinanderbrechen Jugoslawiens waren es knapp neun. Die jüdische Gemeinde, einst eine der bedeutendsten im Adriaraum, zählt heute 30 Mitglieder.

Was ist charakteristisch für einen **Bewohner Dubrovniks?** Schwarzes, gelocktes Haar, große, schlanke Statur und blaue Augen – so werden die Süddalmatiner zumindest gerne in den kroatischen Volksliedern besungen. Was die Frauen angeht, liegen die Lieder nicht so falsch: Viele Dubrovnikerinnen sind außerordentlich schlank, hoch gewachsen und tragen die dunklen Haare lang und meist in der Mitte gescheitelt. Bei ihren männlichen Mitbürgern ist eine so große äußere Homogenität nicht zu beobachten. Auffällig ist allerdings: So manchen älteren Herrn weisen der mächtige Brustkorb, der breite Gang und die wettergegerbte Haut als ehemaligen Seemann aus – bis heute ist die Seefahrt neben dem Tourismus ein wichtiges Berufsfeld.

Unter Festlandskroaten gelten die Küstenbewohner als besonders lebenslustig, dabei aber nicht unbedingt als allzu verlässlich. Ein bisschen Neid ist da schon im Spiel, denn Klima, Landschaft und Tourismus machen es den Menschen in Dalmatien leichter, ihr Leben zu bestreiten, als den Bewohnern des Binnenlandes. Die Dubrovniker sind von diesen Klischees allerdings ausgenommen – vielleicht weil ihre Vorväter in der historischen Stadtrepublik Ragusa als eher verbissene und humorlose Geschäftsleute galten und dieser Ruf bis heute auf die Stadt abfärbt. Für den Durchhaltewillen während der neunmonatigen Belagerung durch Truppen Serbiens und Montenegros werden die Dubrovniker im ganzen Land geachtet und bewundert.

▷ Gedenkraum für die Opfer des Jugoslawienkriegs im Sponzapalast ❻

Granaten auf das UNESCO-Weltkulturerbe

Was die Weltöffentlichkeit für undenkbar gehalten hatte, war eingetroffen: Am 1. Oktober 1991 wurden Dubrovnik Strom und Wasser abgedreht, am 23. Oktober schlugen die ersten Mörsergranaten in der Altstadt ein, eine Woche später zählte man sechs zivile Opfer. Die jugoslawische Restarmee belagerte und beschoss das UNESCO-Weltkulturerbe. Die Belagerung sollte neun Monate dauern und 114 Zivilisten das Leben kosten.

Vorausgegangen war der **Zerfall Jugoslawiens.** Die nördlichen Teilrepubliken Slowenien und Kroatien hatten am 25. Juni 1991 ihren Austritt aus dem sozialistischen Vielvölkerstaat erklärt. Sloweniens Unabhängigkeit wurde von der jugoslawischen Regierung in Belgrad nach zehn Tagen Kriegsdrohungen und einigen weitgehend harmlosen Scharmützeln akzeptiert. Kroatien aber wollte man nicht so einfach ziehen lassen, denn hier lebten nicht unbeträchtliche serbische Minderheiten, zu deren Schutz man sich aufgerufen fühlte. Die JNA, die **Jugoslovenska narodna armija** (Jugoslawische Volksarmee) besetzte daraufhin die umstrittenen Gebiete, so die Krajina, in der die Serben in der Mehrheit waren. Im Zuge der Kriegshandlungen kam es zu zahlreichen Massakern. Im kroatischen Vukovar richtete die JNA beispielsweise Hunderte von Kroaten hin.

Dass auch Dubrovnik und sein Umland in diesen Krieg gezogen werden könnten, damit hatte niemand gerechnet. In der Stadt war kein Militär stationiert, sie hatte keine strategische Bedeutung und von den rund 71.000 Bewohnern der gesamten Region von Pelješac bis zum Konavle-Tal waren nur 6,8 % serbischer Herkunft. Und doch passierte es: Während sich die hauptsächlich aus Serben zusammengesetzten Truppen der JNA von Norden der Stadt näherten, rückten montenegrinische Reservistenverbände von Süden vor. Am 23. September 1991 wurden die ersten kroatischen Dörfer, Vitaljina und Brgat, unter Beschuss genommen. Was folgte, waren Plünderungen, Vergewaltigungen und Vertreibungen sowohl im Konavle-Tal im Süden als auch in der Župa dubrovačka im Norden – rund

15.000 Flüchtlinge landeten in Dubrovnik und wurden in leerstehenden Hotels am Babin Kuk untergebracht. Am 26. Oktober 1991 erreichten die montenegrinischen Verbände Dubrovnik. Am Zarkovica-Kap hissten sie die jugoslawische Fahne und richteten sich auf den Anhöhen der die Stadt einrahmenden Berge auf die **Belagerung** ein. Die serbischen Truppen der JNA stießen am 24. November zu ihnen. In Serbien und Montenegro wurden Gerüchte in Umlauf gesetzt, wonach die berüchtigte kroatische Schwarze Legion, eine Elitetruppe des faschistischen Ustascha-Regimes im Zweiten Weltkrieg, in Dubrovnik einmarschiert sei. JNA-Hauptmann Vladimir Kovačević, der die Belagerung befehligte, machte daraufhin seinem Spitznamen „Rambo" alle Ehre. Bis zum Abzug der JNA im Mai wurden 11.425 Gebäude durch Artilleriebeschuss und Bomben beschädigt.

Wie lebten die Menschen im besetzten Dubrovnik? In erster Linie waren sie damit beschäftigt, die wenigen Feuerpausen zu nutzen, um Lebensmittel aufzutreiben. Bis Ende Dezember 1991 gab es keinen Strom in der Stadt. Wer sich auf den Straßen bewegte, lief Gefahr, von Scharfschützen erschossen zu werden. In einer exponierten Position waren auch die in den Hotels einquartierten Flüchtlinge – ihre Unterkünfte waren neben den denkmalgeschützten Monumenten der Altstadt Hauptziel der Artillerie. Am Höhepunkt des Beschusses, dem 6. Dezember 1991, flogen alleine 600 Granaten auf die Altstadt. Sponzapalast, Dominikaner- und Franziskanerkloster, die Synagoge – so gut wie alle historischen Gebäude wurden bei den Angriffen schwer beschädigt. Treffer hatten meist **Brände** zur Folge, denn die traditionelle Bauweise der Altstadthäuser besteht aus einer Verbindung von Stein und Holz. Wie viele Dächer brannten, sieht man gut beim Rundgang auf der Stadtmauer: Überall, wo die Ziegel rot leuchten, musste neu gedeckt werden.

Die kroatische Armee konnte der Stadt lange nicht zu Hilfe kommen. Sie war an anderen Kriegsschauplätzen gebunden und stand vor dem Problem, dass Dubrovnik in seiner vom damaligen Restjugoslawien (heute Bosnien-Herzegowina und Montenegro) eingeschlossenen Position kaum zu erreichen, geschweige denn zu verteidigen war. Erst dem kroatischen General Janko Bobetko gelang es im Mai 1992 mit seinen „Tigern" *(tigrovi)*, an der adriatischen Küste entlang vorzustoßen und am 1. Juni 1992 den Ring der Belagerung zu durchbrechen. Zu diesem Zeitpunkt hatten die Kräfte der JNA allerdings bereits mit dem Rückzug in Richtung Konavle-Tal und Montenegro begonnen.

Der *Domovinski rat* genannte Krieg um die Unabhängigkeit ist auch heute in Dubrovnik noch sehr präsent. Nicht nur, weil nach wie vor allenthalben Kriegsschäden zu sehen sind, sondern auch, weil viele Dubrovniker Menschen kennen, die von den Vertreibungen betroffen waren, ihr Hab und Gut verloren haben oder deren Häuser zerstört wurden.

Mit drei Ausstellungen – dem Gedenkzimmer für die Opfer im Sponzapalast 6, dem Museum auf dem Berg Srđ 30 und der Galerie War Photo Limited 21 – erinnert die Stadt an die Belagerung. Ein Denkmal für die Kriegsopfer, eine multimediale Installation, steht am Brsalje-Platz vor dem Pile-Tor 22.

PRAKTISCHE REISETIPPS

005du Abb.: nk

An- und Rückreise

Mit dem Flugzeug

Croatia Airlines unterhält direkte Flugverbindungen im Winterflugplan nach Dubrovnik von Frankfurt, München, Wien und Zürich. Von diesen Städten sowie von Berlin, Düsseldorf und Hamburg gibt es weitere Flüge mit Umstieg in Zagreb. Im Sommerflugplan verbindet **Croatia Airlines** Dubrovnik direkt mit Frankfurt/Main, Düsseldorf, München und Zürich (www.croatiaairlines.com).

Die **Lufthansa** bedient Dubrovnik ganzjährig direkt ab Frankfurt/Main und München (www.lufthansa.com).

Die Lufthansa-Tochter **Eurowings** fliegt gemäß Sommerflugplan von Berlin-Tegel, Köln/Bonn, Düsseldorf, Hamburg, Hannover, München und Stuttgart direkt nach Dubrovnik (www.eurowings.com).

Der britische Billigflieger **Easyjet** fliegt von Ende Juni bis Ende August ab Berlin-Schönefeld, Berlin-Tegel und Genf nach Dubrovnik (www.easyjet.com). Von Wien gibt es Verbindungen mit **Austrian Airlines** (www.austrian.com) und **Level** (www.flylevel.com), von Zürich auch mit **Edelweiss Air** (www.flyedelweiss.com).

Der **Flughafen Dubrovnik** (DBV) liegt rund 20 km südlich von Dubrovnik, nahe der Ortschaft Čilipi, (www.airport-dubrovnik.hr). Die Agentur **Platanus** (www.platanus.hr) unterhält **Busverbindungen zum zentralen Busbahnhof in Dubrovnik-Gruž** (s. S. 127), die auf die Ankünfte und Abflüge der Linienflüge abgestimmt sind (einfache Strecke 55 Kn). Die Fahrt dauert gut 40 Minuten. Die Busse 11, 27 und 38 des städtischen Busunternehmens **Libertas** fahren ebenfalls zum Flughafen, allerdings nur wenige Male am Tag (http://libertasdubrovnik.hr).

Für die Fahrt mit dem **Taxi** sollte man mit etwa 30 bis 35 € bis zur Altstadt rechnen.

Mit dem Auto

Für die **Einreise mit Pkw** benötigt man den nationalen Führerschein, den Kfz-Schein und die grüne Versicherungskarte.

Die Anfahrt mit dem Auto lohnt nur, wenn man Dubrovnik als Endpunkt einer Tour entlang der kroatischen Küste besuchen möchte. Von München sind es über Salzburg, Tauern- und Karawankentunnel, Ljubljana, Karlovac, Zadar, und Split knapp 1100 km, davon etwa 900 km Autobahn.

Vorläufig muss man bei der Anreise noch den **bosnischen Korridor** bei Neum passieren: Dies bedeutet einen Grenzübertritt von Kroatien nach Bosnien und dann wieder zurück nach Kroatien mit entsprechenden Wartezeiten. Bei der Rückreise ist auch an der kroatisch-slowenischen Grenze mit längeren Wartezeiten zu rechnen: Da Kroatien (noch) nicht zum **Schengenraum** gehört, kontrollieren die Slowenen besonders genau.

In **Österreich** und **Slowenien** herrscht **Vignettenpflicht**, in **Kroatien** werden **Autobahngebühren** erhoben. In Dubrovnik selbst benötigt man kein Auto. Wenn man Ausflüge in die Umgebung unternehmen möchten, empfiehlt sich allerdings die Anmietung eines Leihwagens.

Vorseite: Dubrovnik ist zum Wasser wie zur Landseite gesichert

Mit dem Schiff

Die kroatische Schifffahrtslinie **Jadrolinija** unterhält zwei- bis viermal pro Woche eine Fährverbindung von Dubrovnik ins italienische Bari. In den Sommermonaten verbindet ein **Katamaran** Dubrovnik täglich über Korčula, Hvar und Bol mit Split (nur Passagiere, keine Fahrzeuge).

Mit dem Bus

Busverbindungen nach Dubrovnik bestehen von allen größeren kroatischen Städten entlang der Küste und auch aus dem Landesinnern. Auskünfte zu Abfahrtszeiten und Preisen findet man unter www.buscroatia.com. Fernbusverbindungen aus Deutschland, Österreich und der Schweiz unterhalten u.a. Flixbus (www.flixbus.com) oder Eurolines (www.eurolines.de).

Groß wie Hochhäuser scheinen die Kreuzfahrtschiffe im kleinen Hafen von Gruž 32

Autofahren

Einen Wagen benötigt man in Dubrovnik nur, wenn man Ziele in der Umgebung besuchen möchten, und auch die kann man relativ unkompliziert mit dem öffentlichen Busnetz erreichen. Im **Stadtverkehr** ist die Orientierung wegen der vielen nur in eine Richtung befahrbaren Straßen etwas schwierig. **Parkplätze** gibt es kaum und wenn man im Altstadtbereich wohnt, muss man das Fahrzeug auf einem der gebührenpflichtigen Parkplätze außerhalb oder in einem Parkhaus unterstellen. Insofern ist es sinnvoll, ein Auto nur für die jeweilige Unternehmung tageweise zu mieten. Es empfiehlt sich, dafür einen **Internationalen Führerschein** mitzunehmen.

In Kroatien herrscht im Winter zwischen Ende Oktober und Ende März die Pflicht, auch tagsüber mit **Abblendlicht** zu fahren. Die **Promillegrenze** liegt bei 0,5, bei Fahrern unter 26 Jahren bei 0 Promille. **Haltende Schulbusse** dürfen nicht überholt werden und das Mitführen von **Warnwesten** für Fahrer und sämtliche Insassen ist vorgeschrieben. Jeder **Unfall** muss der Polizei gemeldet werden. Es kann sonst vorkommen, dass

054du Abb.: fk

einem Fahrzeug mit Karosserieschaden die Ausreise verweigert wird.

- **Europaweite Notfallnummer:** Tel. 112
- **Kroatischer Automobilklub HAK** (Partner des ADAC): Tel. 1987

Parken

Parkplätze im Umfeld der Altstadt findet man am ehemaligen Wassergraben an der nördlichen Stadtmauer, am Gradac-Park, am Hafen Gruž und im Parkhaus in der Zagrebačka ulica. Alle Parkflächen werden von dem Unternehmen Sanitat verwaltet (www.sanitat.hr). Man hat die Möglichkeit, das **Parkticket** bei einem nahe gelegenen Zeitungskiosk oder an einem Automaten zu erwerben oder per Handy zu bezahlen. Dazu sendet man eine SMS mit dem Autokennzeichen (ohne Leerzeichen oder Sonderzeichen) an die Nummer, die zum Parkbereich gehört und dort angeschlagen ist. Das Unternehmen bestätigt die Anmeldung und teilt die Höhe der Gebühr für eine Stunde mit, die abgebucht wird. Für jede weitere Stunde ist erneut eine SMS fällig. Die Kosten sind abhängig von der Parkzone und der Saison: Das Parken in Zone 0 um das Pile-Tor kostet zwischen Juni und September 75 Kn/Stunde und das übrige Jahr gestaffelt 20 bis 40 Kn. Das Parken in Zone 2 (z. B. Iza Grada oder Gradac) kostet in der Hochsaison 50 Kn, sonst 10 bis 20 Kn. Entrichtet man keine Parkgebühr und ignoriert den **Strafzettel**, kann einem noch Jahre später ein Zahlungsbefehl (über einen Betrag von weit über 150 €) ins Haus flattern.

055du Abb.: nk

Die Gebühren für das Parkhaus werden direkt bei der Ausfahrt entrichtet. Wer sein Fahrzeug länger unterstellen möchte (also z. B. den ganzen Tag oder mehrere Tage), sollte den Parkwächter darüber informieren, damit er einen Spezialpreis bekommt. Pro Stunde werden ca. 40 Kn berechnet, die Tagesrate beträgt etwa 400 Kn.

P135 [dj] **Gradac-Park**, ulica Dona Frana Bulića

P136 [ch] **Hafen Gruž**, Obala Ivana Pavla II 1

P137 [di] **Parkhaus in der Zagrebačka ulica**

EXTRAINFO

Tanken

Das Tanken ist in Kroatien meist günstiger als in Deutschland. Die Preise für **Super** liegen um 10 % unter den bei uns üblichen Preisen, der Preis für **Diesel** ist allerdings nahezu gleich.

P138 [D2] **Wassergraben an der nördlichen Stadtmauer,** Iza Grada

Mietwagen

In Dubrovnik gibt es zahlreiche Verleihfirmen. Vergleichsportale geben Auskunft über die günstigsten Angebote und meist auch über solche mit Ausschluss jeglicher Selbstbeteiligung. Ein günstiger Leihwagen ist bereits ab 20 €/Tag zu haben.

› **Avis/Budget,** Flughafen Dubrovnik, Čilipi, Mobil 091 3143019, www.avis.hr
› **Hertz,** Flughafen Dubrovnik, Čilipi, Tel. 771568, www.hertz.hr, geöffnet: tägl. 8–20 Uhr
●139 [ch] **Hertz,** Obala Stjepana Radica 38, Tel. 425000
●140 [ci] **Sixt,** Liechtensteinov Put 3, Hotel Rixos, Tel. 095 4382417, www.sixt.com

Barrierefreies Reisen

Dubrovnik ist für gehbehinderte Reisende leider kein ideales Ziel, denn abgesehen von den Hauptstraßen Placa (Stradun) und Pred Dvorom läuft man hier ständig **treppauf** und **treppab** oder zumindest bergauf und bergab. Zudem sind die meisten Nebengassen **holprig gepflastert.** Highlights wie der Rundgang auf der Stadtmauer sind ebensowenig behindertengerecht ausgebaut wie die meisten **Museen** – eine Ausnahme stellen nur der Rektorenpalast und das Aquarium dar. Auch die Seilbahn ist behindertengerecht eingerichtet. **Sehbehinderte** sind auf die Hilfe von Passanten angewiesen.

Taxistandplatz zwischen Pile-Tor 22 und Hilton-Hotel

Es gibt weder Führungsmarkierungen noch Ampeln mit Signalgeräusch.

Die Stadt Dubrovnik hat in Zusammenarbeit mit der kroatischen Gesellschaft für Multiple Sklerose mehrere **Spezialrollstühle** angeschafft, die selbst steile Treppen bewältigen können. Sie werden kostenlos verliehen und können unter Tel. 098 9152834 bestellt werden. Eine Spende nimmt die Gesellschaft gern entgegen.

Auch das Ein- und Aussteigen in den städtischen **Bussen** können gehbehinderte Reisende und Rollstuhlfahrer zumindest bei älteren Bussen nicht ohne tatkräftige Hilfe bewerkstelligen. Neue Modelle besitzen eine Rampe an der mittleren Tür, die abgesenkt werden kann. Die Benutzung der öffentlichen Verkehrsmittel ist für Menschen mit Behinderung kostenlos. In neu gebauten oder modernisierten **Hotels** stehen behindertengerechte Zimmer zur Verfügung, bei Privatunterkünften sind solche Einrichtungen nicht zu erwarten.

141 [A2] **Društvo Multiple skleroze Dubrovačko-neretvanske županije,** Branitelja Dubrovnika 3, Tel. 425086, www.multipla-dubrovnik.hr, facebook: dmsdnz

Diplomatische Vertretungen

› **Deutsche Botschaft,** Ulica grada Vukovara 64, 10000 Zagreb, Tel. 01 6300100, www.zagreb.diplo.de
› **Österreichische Botschaft,** Radnička cesta 80, 9. Stock (Zagreb-Tower), 10000 Zagreb, Tel. 01 4881050, www.bmeia.gv.at/oeb-agram
› **Schweizerische Botschaft,** Ulica Augusta Cesarca 10, 10000 Zagreb, Tel. 01 4878800, www.eda.admin.ch/zagreb

Geldfragen

Währung, Zahlungsmittel

Kroatiens Währung ist die **Kuna**, die 100 **Lipa** entspricht. Kuna kann man an der Hotelrezeption, bei Banken und bei den zahlreichen Wechselstuben überall in der Stadt eintauschen, wobei Letztere häufig eine Gebühr abziehen. Oder man hebt die gewünschte Summe per **Debit-** oder **Kreditkarte** am Geldautomaten ab. Hierfür werden je nach Bank unterschiedlich hohe Gebühren fällig. Kroatische Geldautomaten akzeptieren **VPay**- und **Girocards**. In Dubrovnik kann man in fast jedem Geschäft mit EC- oder Kreditkarte bezahlen.

Achtung: Abhebungen und Zahlungen vom eigenen Konto sollten immer in der Landeswährung erfolgen. Dann legt die eigene Bank den offiziellen Devisenkurs zugrunde und nicht etwa die geldausgebende Bank, die oft einen schlechteren Kurs verwendet.

Wechselkurs

Stand: Anfang 2020

1 € = 7,44 Kn
1 SFr = 6,79 Kn
1 Kn = 0,13 €/0,15 SFr

Preise und Kosten

Dubrovniks **Preisniveau** liegt über dem Restkroatiens und die Preise im Umfeld der Hauptsehenswürdigkeiten sind naturgemäß höher als in abgelegeneren Stadtteilen. Generell wird man in der Altstadt für Essen, Kaffee oder Eis deutlich mehr bezahlen als in einem Restaurant in Gradac. Gleiches gilt für die Gastronomie in der Hotelzone am Babin Kuk. Auch **Bustickets** sind mit etwa 15 Kn (Kauf beim Fahrer, am Kiosk 12 Kn) pro Fahrt nicht besonders preiswert. Für die meisten **Museen** ist der Erwerb eines **Sammeltickets** (s. S. 16) verpflichtend. Für

Dubrovnik preiswert

Der Eintritt in die meisten Dubrovniker Museen ist nur noch mit einem ***Sammelticket*** *für 130 Kn möglich (s. S. 16). Für Besucher, die einiges besichtigen möchten, ist das sicherlich günstig, für jemanden, der aber nur in das Ethnographische Museum will, wohl eher eine Zumutung.*

Die ***Dubrovnik Card*** *rechnet sich bereits, wenn man nur die Stadtmauer besucht und zweimal mit dem Bus fährt. Sie bietet neben freier Fahrt im öffentlichen Nahverkehr freien Eintritt in die wichtigsten Museen und Ermäßigung bei weiteren Ausstellungen. Sie ist bei der Tourist-Info (s. S. 115) erhältlich und kostet (saisonabhängig) für einen Tag 225 bis 250 Kn, für drei Tage 270 bis 300 Kn und für eine Woche 315 bis 350 Kn (www.dubrovnikcard.com).*

Da Restaurantbesuche heftig zu Buche schlagen können, sollte man nach ***marenda-Angeboten*** *(preiswerten Mittagsmenüs) Ausschau halten oder alternativ nur einen Snack (Sandwich, Kebab, Pizza) verzehren. An den meisten* ***Hotelstränden*** *wird Eintritt erhoben. Die Einheimischen baden am wilden Danče-Strand (s. S. 45), auf den Felsen unterhalb der beiden Buža-Bars (s. S. 85) oder am Alten Hafen* 7.

ein günstiges Mittagsmenü *(marenda*, s. S. 76) sollte man mit bis zu 100 Kn rechnen, für eine Übernachtung in einem der inzwischen sehr spärlich gesäten Dreisternehotels rund 500 Kn/DZ. Sofern man nicht vorhat, besonders große Sprünge zu machen, sollte man mit einem Tagessatz von 500 bis 600 Kn rechnen.

Die Inflationsrate liegt bei 0 %, drastische Preissteigerungen sind daher nicht zu erwarten.

Informationsquellen

Infostellen zu Hause

- http://croatia.hr
- **Kroatische Zentrale für Tourismus,** Stephanstr. 13, 60313 Frankfurt/Main, Tel. 069 2385350
- **Kroatische Zentrale für Tourismus,** Hesseloherstr. 9, 80802 München, Tel. 089 223344
- **Kroatische Zentrale für Tourismus,** Liechtensteinstraße 22 a, 1/1/7, 1090 Wien, Tel. 01 5853884

Infostellen in der Stadt

142 [B2] **Tourist-Info (1),** Brsalje 5, Dubrovnik, www.tzdubrovnik.hr, Tel. +385 (0)20 312011, geöffnet: Okt.-April Mo-Sa 8-19, So 9-15, im Sommer tägl. 8-21 Uhr

143 [bh] **Tourist-Info (2),** Masarykova put 3, Dubrovnik-Lapad, Tel. +385 (0)20 437460, geöffnet: im Sommer Mo-Fr 8-12 u. 17-20, Sa 9-14 Uhr

144 Tourist-Info Cavtat, Zidine 6, Cavtat, Tel. +385 (0)20 479025, http://visit.cavtat-konavle.com, geöffnet: Nov.-März Mo-Fr 8-15, April Mo-Fr 8-19, Sa 8-14, Mai, Okt. Mo-Sa 8-20, So 8-14, Juni, Sept. tägl. 8-20, Juli/Aug. tägl. 8-21 Uhr

145 [ch] **Tourist-Info Gruž,** Obala pape Ivana Pavla II 1, Tel. +385 (0)20 417983, geöffnet: Okt.-April Mo-Fr 8-20, Sa 8-13, im Sommer tägl. 8-21 Uhr

146 Tourist-Info Lopud, Obala I. Kuljevana 12, Tel. +385 (0)20 322322, geöffnet: Mai-Okt. Sa-Do 10-16 Uhr

- **Fahrplanauskünfte Bus:** http://libertas dubrovnik.hr, Tel. 0800 1910 für innerstädtische Linien, Tel. 060 305070 für überregionale Linien
- **Fahrplanauskünfte Fähren:** Jadrolinija, Tel. 020 418000, www.jadrolinija.hr
- **Flughafen:** www.airport-dubrovnik.hr
- **Veranstaltungs- und Kartenservice:** Tourist-Info, Brsalje 5, Tel. 020 312011

Die Stadt im Internet

- **www.tzdubrovnik.hr:** Die Website des Fremdenverkehrsverbands ist auch auf Deutsch aufrufbar. Sie enthält zahllose nützliche Infos zu Geschichte, Kultur, Sehenswürdigkeiten, Museen, Aktivitäten und Events, ist aber leider so unlogisch aufgebaut, dass man Mühe hat, sich durchzuklicken und etwas zu finden.
- **http://visitdubrovnik.hr:** Website des Tourismusverbands der Gespanschaft Dubrovnik/Neretva, also des gesamten Gebiets zwischen Korčula und dem Konavle-Tal. Wenig Praktisches, dafür Wissenswertes und Interessantes auch zu wenig bekannten Themen wie etwa den Parkwäldern der Region.
- **http://visit.cavtat-konavle.com:** Hier stellen sich Cavtat und das Konavle-Tal vor. Viele schöne Bilder, aber nicht allzu viel reisepraktische Hilfe.
- **www.absolute-croatia.com/dubrovnik-region:** Die Website informiert sehr aktuell über viele reisepraktische Fragen, etwa Parkmöglichkeiten, Anreise, Unterkunft, Ausgehen, Strände etc.
- **www.dubrovnikcity.com:** Die britische Website stellt touristische Highlights vor, enthält aber auch so manche interes-

Unsere Literaturtipps

- *Einen spannenden Historienroman über das Dreieck der Macht im östlichen Mittelmeer zwischen Venedig, dem Osmanischen Reich und Ragusa hat Gisbert Haefs geschrieben: **„Das Labyrinth von Ragusa“** ist bei der Erkundung Dubrovniks eine wunderbare Reiselektüre (Goldmann Vlg., 2013).*
- *Ein hübscher Sammelband vereint literarische und historische Reisetexte, die auf Dubrovnik Bezug nehmen: **„Europa erlesen: Dubrovnik“** (Wieser Verlag, 2001).*
- *Fans von „Game of Thrones“ sollten sich mit den von George R. R. Martin geschriebenen, auf Deutsch unter dem Titel **„Das Lied von Feuer und Eis“** (Blanvalet Vlg.) erschienenen Büchern bewaffnen - schließlich wurde ein Teil in Dubrovnik verfilmt.*
- *Wer sich intensiv mit der Geschichte Dubrovniks auseinandersetzen möchte, und das auf höchst spannende Weise, der sollte sich Robin Harris' 500-seitiges Standardwerk **„Dubrovnik, a History“** (SAQI Books, London, 2006) bestellen. Darin bleiben keine Fragen offen und Harris versteht es, historische Fakten unterhaltsam zu präsentieren.*

sante, weniger bekannte Info wie z. B. zur islamischen Gemeinde in der Stadt.

- **www.arl.hr:** Die Künstlerinitiative Art radionica Lazareti informiert über Aktionen, Veranstaltungen und Ausstellungen, leider nur auf Kroatisch, aber man kann sich die Texte im Google-Übersetzer ins Englische übertragen lassen (die deutsche Version ist katastrophal).

EXTRATIPP

Auf Deutsch

Deutschsprachige Zeitungen bekommt man mit Glück in der Buchhandlung Algebra (s. S. 90).

- **www.facebook.com/Udruga.mladih.Orlando:** Die Jugendgruppe Orlando ist die einzige alternativ-soziale und kulturelle Initiative in Dubrovnik. Ihre Facebook-Seite ist auf Kroatisch, aber wer Kontakt sucht, wird sicherlich eine englische Antwort bekommen.
- **www.justdubrovnik.com:** Blog, touristische Infos, aber auch Hintergrundberichte zu Dubrovnik und Umgebung, etwa über die Einrichtung von Hotspots, neue Hotelprojekte etc. (auf Englisch)
- **www.kingslandingdubrovnik.com:** Für alle, die nicht genug bekommen können von der Fantasyserie „Game of Thrones“, hier ein detaillierter Führer zu den Drehorten
- **www.thedubrovniktimes.com:** Online-Zeitung auf Englisch mit Infos zu Stadt, Region, Politik und aktuellen Ereignissen

Publikationen und Medien

Landkarten, Stadtpläne

Bei der Tourist-Info (s. S. 115) bekommt man kostenlos einen bunten, aber leider nicht besonders detaillierten **Stadtplan**, der auf der Vorderseite die Altstadt und auf der Rückseite das gesamte Stadtgebiet abbildet. Alle Sehenswürdigkeiten sind eingezeichnet. Routenvorschläge empfehlen eine Express-, eine südliche und eine nördliche Besichtigungstour.

In vielen Hotels ist ein kostenloser Stadtplan der PR-Agentur Dubrovnik PartneR erhältlich. Dieser Stadtplan ist zwar mit Werbung gespickt, aber wesentlich detaillierter und brauchbarer. In gleicher Aufmachung gibt es eine Karte für Dubrovnik und Rivijera, also der Region von Korčula bis Konavle. Wenn man in der Region, etwa im Konavle oder auf den Elafitischen Inseln wandern möchte, empfiehlt sich die Mitnahme der Karte „**Mitteldalmatinische Küste 4**" im Maßstab 1:100.000 von freytag & berndt.

Stadtblätter

Jährlich erscheint das kostenlose Hochglanzmagazin „**Welcome**", das bei der Tourist-Info (s. S. 115) und in verschiedenen Geschäften ausliegt und über Dubrovnik-Themen wie Festivals oder Kunstgalerien informiert. Ebenfalls jährlich neu ist die Broschüre „**Dubrovnik Riviera Info**", die sich Museen, Sehenswürdigkeiten, Veranstaltungen und Ausflugsmöglichkeiten widmet und im Anhang einen umfangreichen Adressteil mit Hotels, Restaurants, Sportklubs etc. besitzt. „**Dubrovnik in Your pocket**" ist ähnlich aufgebaut, aber umfangreicher und detaillierter. Es erscheint mindestens zweimal im Jahr, wird ebenfalls kostenlos ausgegeben und ist auch online verfügbar (www.inyourpocket.com/dubrovnik). All diese Broschüren finanzieren sich durch Anzeigen und sind redaktionell nicht unabhängig.

Internet

Im Gegensatz zu vielen anderen kroatischen Städten hat Dubrovniks Stadtverwaltung die Altstadt nicht zum Hotspot erklärt. Dies kommt den **gastronomischen Betrieben und Geschäften** zugute, die ihren Kunden fast alle einen kostenlosen **WLAN-Zugang** bieten – wenn man surfen möchte, dann bestellt man sich einen Kaffee! Den Zugangscode erfährt man vom Kellner oder findet ihn auf der Rechnung, die gleichzeitig mit der Bestellung gebracht wird. Viele verzichten sogar ganz darauf, ihr Netzwerk zu sichern.

Unter www.wificafespots.com/wifi/city/HR–Dubrovnik gibt es eine **Liste der Hotspots** im Stadtgebiet von Dubrovnik. Eine relativ aktuelle und kostenlose **App**, die WLAN-Hotspots anzeigt, bietet www.wiman.me an. Sie kann im Appstore von Google Play kostenlos heruntergeladen werden.

Medizinische Versorgung

Arzt und Krankenhaus

Entsprechend den innerhalb der EU geltenden Bestimmungen ist eine medizinisch notwendige Behandlung gegen Vorlage der **Europäischen Krankenversicherungskarte** kostenlos. Allerdings gelten nicht in allen EU-Staaten die gleichen Kostensätze für Behandlungen – es kann also sein, dass die Kosten einer Behandlung in Kroatien nicht zu 100 % durch die deutsche Krankenversicherung übernommen werden. Üblicherweise weisen die behandelnden Ärzte auf **zusätzliche Kosten** hin.

Über **Deutsch sprechende Ärzte** informieren zum Beispiel die Tourist-Info (s. S. 115) oder die deutsche Botschaft in Zagreb (s. S. 113). Mit Englischkenntnissen sollte eine Behandlung aber nirgendwo ein Problem sein.

⊕147 [di] **Dom zdravlja,** Ulica dr. Ante Starčevića 45, Tel. 641610, www.dom-zdravlja-dubrovnik.hr. Im „Haus der Gesundheit" sind verschiedene Ärzte niedergelassen, darunter Zahmediziner und Kinderärzte.

056du Abb.: nk

148 [bi] **Opča bolnica Dubrovnik,** Dr. R. Mišetića bb, Lapad, Tel. 431777, www.bolnica-du.hr. Die Klinik ist mit allen notwendigen Abteilungen ausgestattet. Auch eine Kinderklinik ist vorhanden. Die Notaufname *(Hitan prijem)* ist rund um die Uhr geöffnet.

› **Notfallnummern für Krankentransporte:** Tel. 112 und Tel. 94

Apotheken

Apotheken *(ljekarna)* sind mit einem **grünen Kreuz auf weißem Grund** markiert. In der Altstadt gibt es drei Apotheken, zwei an der Placa (Stradun) und eine im Franziskanerkloster.

Die beiden folgenden beiden diensthabenden Apotheken wechseln sich ab. Welche gerade Dienst hat, erfährt man bei der Tourist-Info.

Die hübsche historische Apotheke im Franziskanerkloster 3

149 [ch] **Ljekarna Gruž,** Obala pape Ivana Pavla II 9, Tel. 419861, geöffnet: Mo–Fr 7–20, Sa 7.30–15 Uhr

150 [D3] **Ljekarna Kod zvonika,** Placa bb, Tel. 321133, geöffnet: Mo–Fr 7–20, Sa 7.30–15 Uhr

› **www.ljekarna-dubrovnik.hr:** Apotheken-Website mit Informationen, Adressen und Öffnungszeiten

Mit Kindern unterwegs

Stadtbesichtigungen sind nicht unbedingt ein kindgerechter Spaß, das gilt auch für Dubrovnik. Allerdings kann man die Kleinen durchaus für einige Punkte begeistern: Der **Rundgang auf der Stadtmauer** (22–25) ist einer davon, Schießscharten, Kanonen und Wehrtürme inklusive. Anregend ist auch ein Besuch im **Aquarium** (s. S. 29) oder im **Naturkundemuseum** (s. S. 71). Und auch das Treiben im **Alten Hafen** 7 bzw. das Ein- und Auslaufen von Fähren und Kreuzfahrtschiffen im **Hafen von Gruž** 32 zu beobachten, kann sehr unterhaltsam sein. Beim Ausflug auf das **Inselchen Lokrum** 28 lassen sich Baden und Herumklettern in den Uferfelsen mit schattigen Spaziergängen verbinden. Im Alten Hafen werden außerdem verschiedene **Ausflugsfahrten** angeboten, z. B. mit dem Glasbodenboot. Allerdings bekommt man erfahrungsgemäß hierbei kaum einen Meeresbewohner zu sehen.

Das reiche Angebot an **Konditoreien** und **Eisdielen** tut sein Übriges, um den Kleinen die Zeit nicht zu lang werden zu lassen. Eine Pause kann man auf dem **Spielplatz** im Park unterhalb des Pile-Tors 22 einlegen. Die Spielgeräte erfreuen hier aber eher die kleineren Kinder.

Auf jeden Fall kann man in Dubrovnik Strandaufenthalte und Sightseeing wohldosiert kombinieren und zum Beispiel den Vormittag in der Stadt und den Nachmittag dann am Hotelstrand oder auf der Insel Lokrum verbringen. Ein richtiges Schiff- und Strandabenteuer erwartet Familien, die die **Elafitischen Inseln** (s. S. 54) besuchen, denn bereits die Fahrt auf dem alten Postschiff ist etwas Besonderes.

Auf **Lopud** 37 erwartet einen dann ein halbstündiger Spaziergang zu einem richtigen Sandstrand. Da Sandstrände aber Mangelware und Felsküsten die Regel sind, sollten zwei Dinge im Reisegepäck nicht fehlen: **Badeschuhe**, damit sich niemand an den scharfkantigen Steinen oder den dazwischen verborgenen Seeigeln verletzt, und eine **Tauchermaske mit Schnorchel**, denn das Wasser ist so klar, dass man hier wunderbar auf Unterwasser-Entdeckungsreisen zu Krebsen, Fischchen und Muscheln gehen kann.

Notfälle

- 151 [di] **Policijska postaja Dubrovnik (Polizei)**, Ulica dr. Ante Starčevića 13, Tel. 443777
- 152 [di] **Postaja prometne policije (Verkehrspolizei)**, Vladimira Nazora 32, Tel. 443666

Kartensperrung

Bei **Verlust der Debit-/Giro-, Kredit- oder SIM-Karte** gibt es für Kartensperrungen eine **deutsche Zentralnummer** (vor der Reise klären, ob die eigene Bank bzw. der jeweilige Mobilfunkanbieter diesem Notrufsystem angeschlossen ist). **Achtung:** Mit der telefonischen Sperrung sind die Bezahlkarten zwar für die Bezahlung/Geldabhebung mit der PIN gesperrt, nicht jedoch für das **Lastschriftverfahren mit Unterschrift.** Man sollte daher den Verlust zusätzlich **bei der Polizei zur Anzeige bringen**, um gegebenenfalls auftretende Ansprüche zurückweisen zu können.

In **Österreich** und der **Schweiz** gibt es keine zentrale Sperrnummer, daher sollten sich Besitzer von in diesen Ländern ausgestellten Debit- oder Kreditkarten bei ihrem Kreditinstitut über den zuständigen Sperrnotruf informieren. Generell sollte man sich immer die **wichtigsten Daten** wie Kartennummer und Ausstellungsdatum **separat notieren**, da diese unter Umständen abgefragt werden.

- **Deutscher Sperrnotruf:** Tel. +49 116116 oder Tel. +49 3040504050

Notrufnummern

- **Polizei:** Tel. 112
- **Rettungsdienst:** Tel. 112 und Tel. 94

Öffnungszeiten

- **Ämter:** Mo–Fr 8–16 Uhr, evtl. mit einer Pause zwischen 12 und 13 Uhr
- **Banken:** meist Mo–Fr 8–16 Uhr
- **Geschäfte:** Abhängig von der Saison. Im Sommerhalbjahr haben die meisten Geschäfte durchgängig von 9 bis 20 Uhr geöffnet, einige auch sonntags. Im Winter stark eingeschränkte Öffnungszeiten. Die Filialen des Supermarkts Konzum sind von 7.30 bis 20, am Sonntag 8 bis 13 Uhr geöffnet.
- **Museen:** Keine einheitlichen Öffnungszeiten. In der Hochsaison sind die meisten Museen jeden Tag durchgängig von 9 bis 18, teils auch 20 Uhr geöffnet. Im Winter sind die Zeiten stark eingeschränkt
- **Post:** werktags 7–19 Uhr

Post

Briefmarken bekommt man auch in vielen Souvenirläden oder an Zeitungskiosken. Das Porto für einen Brief oder eine Postkarte innerhalb Europas kostet 8,60 Kn, innerhalb Kroatiens 3,10 Kn.

✉153 [di] **Hrvatska posta (Hauptpost),** Vukovarska 16, Tel. 362068, www.posta.hr, geöffnet: Mo–Fr 7–20, Sa 8–15 Uhr. Weitere Postämter befinden sich u. a. in Gruž (Obala pape Ivana Pavla II 24) und in der Altstadt (Široka ulica 8).

Radfahren

Mit dem **Fahrrad zu fahren,** ist in Dubrovnik **nur bedingt zu empfehlen.** Zum einen liegt die Stadt auf mehreren Hügeln, sodass es immer wieder bergauf und bergab geht, zum anderen sind die Verbindungsstraßen zwischen den Stadtteilen mehrspurige Trassen, auf denen gelinde gesagt relativ rücksichtslos gerast wird. In der Altstadt ist das Radfahren ohnehin verboten.

Andererseits eignen sich die Parklandschaften von Lapad und Babin Kuk, das weite Konavle-Tal 40 oder die Rijeka Dubrovačka 33 wunderbar für Radausflüge. Einige Strandhotels bieten die Möglichkeit an, Fahrräder zu leihen. Einen weiteren **Fahrradverleih** gibt es in Dubrovnik am Hafen:

•154 [ch] **Biking Croatia,** Ulica Svetog Križa 3,Tel. 091 4868433, www.bikingcroatia.com, geöffnet: tägl. 8–19 Uhr, ab 140 Kn pro Tag

Infos für LGBT+

Als Land mit überwiegend römisch-katholischer Bevölkerung ist Kroatien gegenüber schwulen und lesbischen Lebensformen nicht unbedingt aufgeschlossen. Und obwohl Dubrovnik ein internationales Reiseziel und damit liberaler ist, wird man hier kaum gleichgeschlechtliche Paare sehen. Es gibt unseres Wissens keine explizite Homosexuellenszene oder -treffs in der Stadt und auch Reise-Websites der schwul-lesbischen Szene beschreiben Dubrovnik als eher konservativ. Die Website www.gay.hr ist Sprachrohr der homosexuellen Gemeinde, aber leider nur auf Kroatisch verfügbar.

Eigens ausgewiesene Lokale für Schwule und Lesben gibt es nicht. Beliebt ist aber das Trubadur Hard Jazz Café (s. S. 86). Zum Baden setzt man zur Insel Lokrum 28 über, wo der hinterste Bereich des FKK-Strandes als Treff der schwulen und lesbischen Gemeinde gilt.

Sicherheit

Kroatien generell und Dubrovnik im Besonderen sind **sichere Reisedestinationen. Taschendiebstähle** im Gedränge o. Ä. können vorkommen, sind aber nicht häufig. Wie überall sollte man aber auch hier nicht **nachts** allein in den Parks spazierengehen oder unbeleuchtete Bereiche, z. B. im Hafen Gruž, meiden. Sollte doch einmal etwas vorkommen, informiert man die Polizei (s. S. 119), die sehr hilfsbereit ist.

Sport und Erholung

Kajakfahren

Zu den beliebtesten Freizeitaktivitäten zählt das Kajakfahren um die Altstadt und die Insel Lokrum. Die von Adventure Dubrovnik organisierten Touren starten in der Bucht unterhalb des Forts Lovrijenac 26, dauern ca. drei Stunden und kosten um 35 €. Besondere Erfahrung ist nicht erforderlich, die Ausrüstung und Getränke werden gestellt. Romantisch sind Kajaktouren im Sonnenuntergang.

S155 [ch] **Adventure Dubrovnik,**
Sv. Križa 3, Tel. 099 3361336,
www.adventuredubrovnik.com

› **Sea Kayaking Cavtat** (s. S. 64)

Baden

Hübsche Felsbuchten finden sich auf der der Altstadt vorgelagerten **Insel Lokrum** 28, wo ein gesonderter Bereich FKK-Jüngern vorbehalten ist. Schick und ziemlich teuer ist der **Banje Beach Club** (s. S. 86) am Strand Banje neben den Lazareti 27 (Feinkies, Luxusliegen, Gastronomie, Loungemusik, www.ew-dubrov

Mit dem Kajak lassen sich die Elafitischen Inseln (s. S. 53) besonders gut erkunden

057du Abb.: fk

nik.com). Bei Einheimischen beliebt sind die wilden Strände von **Dančе** (s. S. 45) neben dem Alten Hafen und unterhalb der beiden **Buža-Bars** (s. S. 85). In den Hotelzonen von **Lapad** und **Babin Kuk** finden sich weitere, teils von den Hotels bewirtschaftete und dann gebührenpflichtige Strände, darunter der beliebte **Copacabana Beach.** Der einzige Sandstrand der Region verbirgt sich auf der **Insel Lopud** 37.

Sprache

In Dubrovnik wird **Kroatisch** gesprochen, aber da viele Einwohner mit Touristen zu tun haben, sind die **Englischkenntnisse** bei den meisten sehr gut. **Deutsch** sprechen in erster Linie Touristenführer und das Personal in den Hotels. Eine Liste nützlicher landessprachlicher Begriffe findet sich im Anhang auf S. 130.

058du Abb.: fk

Stadttouren

Geführte Touren kann man bei der **Tourist-Info** (s. S. 115) buchen. Es sind zwei Varianten im Angebot: „Altstadt“ und „Stadtmauer“ sowie eine Verbindung der beiden Schwerpunkte. Zwei ungewöhnlichere Themen, „Spuren des Unabhängigkeitskriegs“ und „Das jüdische Viertel“, hat **Dubrovnik Walking Tours** im Programm. Touren zu den **Drehorten von „Game of Thrones“** bietet Indira Stanić (s. S. 15) in deutscher Sprache an.

•**156** [bh] **Dubrovnik Walking Tours,** Cira Carica 3, Tel. 436846, www.dubrovnik-walking-tours.com

Telefonieren

Öffentliche Fernsprecher gibt es immer weniger. Wenn man telefonieren möchte, benötigt man eine **Telefonkarte**, die es im Wert von 15, 30, 50 und 100 Kn bei Postämtern und Zeitungskiosken zu kaufen gibt. Ein Ortsgespräch kostet 0,80 Kn/Minute, ein Gespräch nach Deutschland, Österreich oder in die Schweiz wird mit 3 Kn/Minute berechnet. Das kroatische **Telefonbuch** ist auch in englischer Version im Internet zu finden: http://imenik.tportal.hr/?lang=en.

Seit Mitte 2017 gibt es in der EU keine **Roaminggebühren** mehr. Damit wird das Telefonieren und Surfen mit dem Handy im EU-Ausland so günstig wie zu Hause – es sei denn, man nutzt das Handy im Ausland über einen längeren Zeitraum hinweg, dann können je nach Anbieter Nutzungsobergrenzen gelten. Wer sich länger in Dubrovnik bzw. Kroatien aufhält und die Nutzungsobergrenzen überschreitet, sollte den Kauf einer **Prepaid-Karte** in Betracht ziehen.

Vorwahlnummern

- **Dubrovnik:** Tel. 020
- **Kroatien:** Tel. 00385
- **Deutschland:** Tel. 0049
- **Österreich:** Tel. 0043
- **Schweiz:** Tel. 0041

Uhrzeit

In Kroatien gilt die Mitteleuropäische Zeit (MEZ); die Uhren gehen hier also nicht anders als zu Hause.

Unterkunft

Die Hotelpreise in Dubrovnik sind jenseits von Gut und Böse, besonders in der Hauptsaison. Wenn alte, teils im Balkankrieg beschädigte Häuser renoviert und wiedereröffnet werden, kommt fast immer ein luxussaniertes Vier- oder Fünfsternehotel mit Zimmerpreisen ab 250 € heraus. An Mittelklassehotels herrscht Mangel. Für die mitunter besondere Atmosphäre einer Unterkunft in der Altstadt zahlen Gäste mehr als für ein Hotel in der Neustadt. Die hier angegebenen Preise entsprechen dem Mittelwert der offiziellen Preislisten der Hotels; bei zeitiger Vorausbuchung über Onlineplattformen oder zu Nebensaisonzeiten bieten viele Häuser Sonderpreise an, die deutlich darunter liegen. Umgekehrt explodieren die Preise in der Hauptsaison um bis zu 100 %. In Dubrovnik ist eine Bettensteuer zu zahlen, die zurzeit 10 Kn/Nacht (Camping 8 Kn) beträgt (Stand: Anfang 2020).

Einer der wenigen Sandstrände der Region ist Šunj auf Lopud 37

Preiskategorien

Die Angabe gilt jeweils für den Preis eines Doppelzimmers mit Frühstück in der Zwischensaison.

€	bis 70 €
€€	70–120 €
€€€	120–200 €
€€€€	ab 200 €

Unterkünfte in der Altstadt

157 [D3] **Fresh Sheets Kathedral** €€€€, Bunićeva Poljana, Tel. 091 8967509, www.freshsheetskathedral.com, DZ ab 150 €. **Mitten im Geschehen:** Das luxuriöse B&B des Fresh-Sheets-Teams befindet sich im Herzen der Stadt am Platz mit den sechs Kneipen – für Abendunterhaltung ist also gesorgt (Mindestaufenthalt zwei Nächte).

158 [C2] **Hostel Angelina Old Town** €, Ulica Plovani Skalini 17a, Mobil 091 8939089, www.hostelangelinaoldtowndubrovnik.com. **Besonders gut gelegen:** Das bemerkenswert saubere und angenehme, sich über mehrere Gebäude der Altstadt erstreckende Hostel bietet neben Mehrbett- auch Zweibettzimmer und eine voll eingerichtete Küche.

159 [C3] **Lejletul** €€€, Nikole Gučetića 2, Tel. 638194, www.lejletul.com. **Orientalisches Ambiente:** Drei Zimmer und Suiten im orientalischen Look über dem Restaurant Taj Mahal im Herzen der Altstadt.

160 [C2] **Old Town Hostel** €, Od Sigurate 7, Tel. 322007, www.dubrovnikoldtownhostel.com. **Gut und günstig:** Acht hell eingerichtete Zwei- und Mehrbettzimmer. Geöffnet: März–Nov.

- **Prijeko Palace** €€€€ (s. S. 34). **Luxuriös:** Der restaurierte Renaissancepalast in der Altstadt birgt acht Zimmer und ein Apartment, die alle von Künstlern unter-

059du Abb.: nk

schiedlich gestaltet wurden. Luxus, Eleganz und historische Atmosphäre haben natürlich ihren Preis.

161 [C2] **Stari Grad** €€€€, Od Sigurate 4, Tel. 322244, http://hotelstarigrad.com. **Altstadthotel mit Flair:** Acht schick und modern eingerichtete Zimmer, freundliches Personal.

162 [D3] **The Pučić Palace** €€€€, Ulica od Puča 1, Tel. 326222, www.thepucicpalace.com. **Gepflegte Eleganz:** Dies war das erste Luxushotel in der Altstadt und gilt mit seinen 19 Zimmern, dem eleganten Restaurant und der Dachterrasse heute noch als Inbegriff der edlen Altstadthotellerie.

Bereits im 19. Jh. wurde das Hilton Imperial am Eingang zur Altstadt erbaut

Blick aus dem mit einer herrlichen Aussicht gesegneten Hotel Bellevue

Unterkünfte außerhalb der Altstadt

163 [ch] **Adria** €€-€€€, Radnička ulica 46, www.hotel-adria-dubrovnik.com, Tel. 220500. **Aussichtsreich und ruhig:** Das moderne Hotel bietet eine fantastische Aussicht über die Hafenbucht und die Elafitischen Inseln. Die Zimmer sind komfortabel ausgestattet, außerdem stehen Parkplätze zur Verfügung. Allerdings ist es ein ordentliches Stück bis zur Altstadt (Busverbindung).

164 [bh] **Aquarius** €€-€€€, Mata Vodopića 4a, www.hotel-aquarius.net, Tel. 456111. **Moderner Komfort:** Das kleine, familiäre Haus in Babin Kuk wurde einem Facelifting unterzogen, das sich nicht in mehr Luxus, sondern freundlicher Einrichtung und Atmosphäre ausdrückt. Weil es daher sehr begehrt geworden ist, besser rechtzeitig reservieren!

165 [ci] **Bellevue** €€€-€€€€, Pera Cingrije 7, Tel. 430830, www.adriaticluxuryhotels.com. **Traumhafte Lage:** Das Hotel in Traumlage über dem Meer ist nur zehn Gehminuten von der Altstadt (Pile) entfernt. Moderne Zimmer mit atem-

beraubendem Blick, ein schickes Feinschmeckerrestaurant und ein kleiner, eleganter Wellnessbereich und das aufmerksame Personal verwöhnen den Gast. Sonderpreise beachten!

166 [ch] **Berkeley Hotel** €€-€€€€, Andrije Hebranga 116A, Tel. 494160, www.berkeleyhotel.hr. **Wellness und Aussicht:** Die 24 Zimmer und Appartements des rundum modernen Hotels in Gruž sind komfortabel und geschmackvoll eingerichtet. Ein weiteres Plus ist der Pool auf dem Dach.

167 [ci] **Cocoon** €, Ulica Josipa Kosora 40, Tel. 333740, www.facebook.com/cocoondubrovnik. **Gemütliches Hostel:** hübsche, in warmen Holztönen gestaltete Mehrbettzimmer mit Gemeinschaftsduschen in ruhiger Lage in Lapad.

168 [ai] **Dubrovnik Palace** €€€€, Masarykov put 20, www.adriaticluxuryhotels.com, Tel. 430830. **Strandhotel in Stadtnähe:** Hier verbinden sich Badefreuden am Strand mit City-Besichtigung. Außerdem besitzt es die schönste „Sonnenuntergangslounge" der Stadt.

169 [A1] **Hilton Imperial** €€€€, Marijana Blazica 2, Tel. 320320, www3.hilton.com. **Traditionsadresse:** Das historische Haus wurde aufwendig renoviert und strahlt viel Romantik und Gediegenheit aus. Zudem liegt es ganz nahe am Pile-Tor.

170 [di] **Hostel 365forU** €, Vukovarska 14, Tel. 642321, www.365foru.com. **Farbenfroh und schick:** komfortables, sauberes Hostel mit kostenlosen Parkplätzen. Auch Einzel- und Zweibettzimmer (teils mit eigenem Bad) vorhanden.

171 [ci] **Lero** €€-€€€, Iva Vojnovića 14, Tel. 341333, www.hotel-lero.hr. **Frischer Glanz:** Der sachliche 1970er-Jahre-Bau liegt in fußläufiger Entfernung zur Altstadt und bietet nach Renovierung ein gutes Preis-Leistungs-Verhältnis. Die Zimmer nach vorne bieten einen schönen Blick über die Bucht. Ein kleiner Pool erfrischt nach dem City-Bummel.

172 [ch] **Petka** €-€€€, Obala Stjepana Radića 38, Tel. 410500, www.hotelpetka.hr. **Gut und günstig:** Hinter der renovierten Fin-de-Siècle-Fassade verbergen sich zwei Wohneinheiten aus den 1970er-Jahren mit kleinen, aber modern möblierten Zimmern. Von den oberen Etagen schöner Blick über den Hafen Gruž.

173 [bh] **Uvala** €-€€€, Masarykov put 6, Tel. 433608, www.hotelsindubrovnik.com. **Stadt und Meer:** Das moderne Hotel liegt auf der Halbinsel Lapad. Großer Infinitypool, Spa und komfortable Zimmer sorgen für Entspannung nach dem Stadtbummel.

174 [bh] **Vila Mičika** €, Mata Vodopića 10, Tel. 437332, www.vilamicika.hr. **Mit Familienanschluss:** sieben zweckmä-

061du Abb.: nk

ßig eingerichtete Zimmer in einer historischen Villa in Lapad mit Garten und freundlichen Gastgebern.

175 [fj] **Villa Dubrovnik** €€€€, Vlaha Bukovca 6, Tel. 500300, www.villa-dubrovnik.hr. **Für den besonderen Urlaub:** spektakuläre Lage auf der Ploče-Seite der Altstadt, mit 56 modern und elegant möblierten Zimmern, eigenem Strand, Luxus-Spa, Edelrestaurant und Blick auf Lokrum und Altstadt.

176 [ch] **Villa Lina** €, Od Gaja 14, Mobil 091 5600726, http://villa-lina-dubrovnik.com. **Preiswerte Herberge:** einfache, aber nette Unterkunft mit fünf Doppelzimmern und drei Bädern auf zwei Etagen.

177 [bh] **Villa Wolff** €€€, Šetalište Nika i Meda Pucića 1, Tel. 438710, http://villa-wolff.hr. **Für Genießer:** Sechs romantische Doppelzimmer und Suiten in einer historischen Villa am Meer. Auch das Restaurant gilt als hervorragende Adresse.

178 [bh] **Zagreb** €€, Šetalište kralja Zvonimira 27, Tel. 438930, http://hotelzagreb-dubrovnik.com. **Grüne Oase:** Die Zimmer dieses hübschen, historischen Anwesens in Lapad sind etwas abgewohnt, dafür ist der palmenbestandene Garten umso schöner.

EXTRATIPP

Privatzimmer

Zahllose Privatleute vermieten Unterkünfte in und um Dubrovnik, die man über Buchungsplattformen wie **www.wimdu.de** oder **www.airbnb.com** anmieten oder sich durch Agenturen in Dubrovnik (**„tourist agency“**) vermitteln lassen kann. Diese Touristenagenturen finden sich an den zentralen Orten im Stadtgebiet, also in der Umgebung des Pile-Tors 22 sowie am Fährhafen und am Busbahnhof in Gruž 32. In den meisten Fällen bekommt man den intensiven Kontakt zum Gastgeber gratis dazu.

Camping

179 [bg] **Solitudo**, Vatroslava Lisinskog 17, Babin Kuk, Tel. 448686, www.camping-adriatic.com, Standplatz ca. 35 € (Mindestaufenthalt erforderlich), Mobile Home ca. 70 €. Der große, schattige Platz auf der Halbinsel Babin Kuk mit rund 100 m² großen Parzellen liegt der Altstadt am nächsten an einer schönen Bucht mit Feinkiesstrand.

060du Abb.: fo©vvr stock.adobe.com

Verkehrsmittel

Bus

Hauptknotenpunkt der Dubrovniker Buslinien ist die Haltestelle vor dem Pile-Tor 22. Hier halten so gut wie alle Busse. Die **orangefarbenen Fahrzeuge** des Unternehmens Libertas fahren im innerstädtischen wie auch im Regionalverkehr. Der **Zustieg** erfolgt vorne beim Fahrer, dem man den Fahrschein vorzeigen muss bzw. wo man ihn am Automaten entwertet.

Tickets für den Stadtverkehr (ab Fahrtantritt eine Stunde gültig) kann man im Bus beim Fahrer (15 Kn, Kleingeld bereithalten, die Fahrer können nicht immer wechseln) oder an den Ticketschaltern der Libertas (z. B. am Brsalje-Platz vor dem Pile-Tor) käuflich erwerben (12 Kn; eine Stunde gültig). Hier ist auch eine 24-Stunden-Karte (30 Kn) erhältlich. Ein Ticket nach Ston kostet 40 Kn, eines nach Cavtat 25 Kn.

Die **Abfahrtszeiten** der Busse sind in der Regel in den Wartehäuschen ausgehängt. Leider gibt es weder in der Tourist-Info noch bei den Libertas-Kiosken **Netzpläne** der Buslinien. Sie können allerdings unter http://libertasdubrovnik.hr unter dem Menüpunkt „Vozni Red/Timetable Gradski/City“ herunterladen und ausgedruckt werden. Üblicherweise tragen nur die Endhaltestellen der jeweiligen Linie einen **Namen**. Die Stationen dazwischen werden nach bekannten Punkten in ihrer Nähe benannt, wie z. B. „Haltestelle beim Hotel Bellevue“.

- **180** [cg] **Busbahnhof Gruž,** Obala pape Ivana Pavla II 44a, Gruž, Tel. 356004. Von hier fahren Busse die Küste auf und ab sowie zum Flughafen (s. S. 110). Auch hier gilt: Einen Linienplan erhält man nur online.

062du Abb.: fk

Taxi

Taxistandplätze sind über das ganze Stadtgebiet verteilt, ein großer Standplatz befindet sich vor dem Pile-Tor 22. Die Grundgebühr beträgt 25 Kn, dazu kommen pro gefahrenen Kilometer 8 Kn und pauschal 10 Kn fürs Gepäck. Der Transfer zum Flughafen kostet zwischen 30 und 35 €.

Mit dem Postschiff unterwegs zu den Elafitischen Inseln (s. S. 54)

Immer höher „klettern“ die Häuser in Dubrovniks Stadtteil Pile die Hänge des Bergs Srđ 30 hinauf

Schiffe, Fähren

Schiffsverbindungen zu den Elafitischen Inseln (s. S. 54) bietet die **Jadrolinija** mit einem **Postschiff** mehrmals pro Tag, außerdem verkehrt zwei- bis dreimal am Tag eine **Autofähre** nach Lopud 37 und Suđurađ auf Šipan 38 (www.jadrolinija.hr).

In der Sommersaison verkehren Schiffe zwischen dem Alten Hafen 7 in Dubrovnik und Cavtat 39 (www.adriana-cavtat.com).

Wetter und Reisezeit

In Dubrovnik herrscht **mediterranes Klima** mit warmen, trockenen Sommern, bis weit in den Spätherbst reichenden Schönwetterperioden, milden Wintern und regenreichen Frühjahrsmonaten. Als **Reisezeit** empfehlen sich das späte Frühjahr und der Frühsommer sowie der Herbst. Von Juni bis Mitte September ist Dubrovnik aufgrund der vielen Kreuzfahrtschiffe, die die Stadt dann ansteuern, sehr überlaufen. Es kam sogar schon zur Sperrung der Altstadt, weil auf der Placa nichts mehr vor und zurück ging. So macht Dubrovnik keinen Spaß, und ohnehin machen Besichtigungen im Hochsommer wegen der Hitze wenig Freude. Wer die Hochsaison nicht umgehen kann, sollte den Besuch der großen Attraktionen wie der Stadtmauer möglichst auf den frühen Morgen legen.

Baden kann man bereits im Mai und bis Ende Oktober, sodass man auch in der Nebensaison Kultur und Entspannung verbinden kann.

063du Abb.: nk

Ein Nickerchen in Ehren ...

Durchschnitt	Jan	Febr	März	Apr	Mai	Juni	Juli	Aug	Sept	Okt	Nov	Dez
Maximale Temperatur	12°	12°	14°	17°	21°	25°	28°	29°	25°	21°	17°	13°
Minimale Temperatur	7°	6°	9°	11°	15°	19°	22°	22°	19°	15°	11°	8°
Regentage	11	11	12	11	10	7	4	5	6	10	11	13
Wassertemperatur	13°	13°	13°	15°	17°	22°	23°	24°	22°	20°	18°	15°

Wetter in Dubrovnik

ANHANG

006du Abb.: nk

Kleine Sprachhilfe

Die folgenden Wörter und Redewendungen wurden dem Reisesprachführer „Kroatisch – Wort für Wort“ (Kauderwelsch-Band 98) aus dem Reise Know-How Verlag entnommen.

Besonderheiten der Transkription

Einige Buchstaben der kroatischen Schrift werden anders ausgesprochen als im Deutschen; des Weiteren gibt es mehrere diakritische Zeichen:

c	ausgesprochen wie das deutsche z
z	ausgesprochen wie das deutsche s in Sache
ć	ausgesprochen wie das deutsche tz
č/Č	ausgesprochen wie das deutsche tsch in Tschechien
š/Š	ausgesprochen wie das deutsche sch
ž/Ž	ausgesprochen wie das deutsche dsch in Dschungel
đ/Đ	ausgesprochen wie dj in Djerba

Häufig gebrauchte Wörter und Redewendungen

Zahlen

0	*nula*
1	*jedan*
2	*dva*
3	*tri*
4	*četiri*
5	*pet*
6	*šest*
7	*sedam*
8	*osam*
9	*devet*
10	*deset*
11	*jedanaest*
12	*dvanaest*
13	*trinaest*
14	*četrnaest*
15	*petnaest*
16	*šesnaest*
17	*sedamnaest*
18	*osamnaest*
19	*devetnaest*
20	*dvadeset*
21	*dvadeset jedan*
22	*dvadeset dva*
23	*dvadeset tri*
30	*trideset*
40	*četrdeset*
50	*petdeset*
60	*šezdeset*
70	*sedamdeset*
80	*osamdeset*
90	*devedeset*
100	*sto*
101	*sto jedan*
102	*sto dva*
120	*sto dvadeset*
121	*sto dvadeset jedan*
200	*dvjesto*
300	*tristo*
400	*četrsto*
500	*petsto*
600	*šesto*
700	*sedamsto*
800	*osamsto*
900	*devetsto*
1000	*tisuća*

Die wichtigsten Zeitangaben

jučer	gestern
danas	heute
sutra, ujutro	morgen
preksutra	übermorgen
jutros	heute Morgen
u podne	mittags
poslijepodne	nachmittags
uvečer	abends
večeras/sinoć	heute/gestern Abend

+++ Die wichtigsten Wörter mit dem Bonus-Audiotrack des Kauderwelsch-

noću	nachts
svaki dan	täglich
ranije/kasnije	früher/später
sad(a)	jetzt
ponedjeljak	Montag
utorak	Dienstag
srijeda	Mittwoch
četvrtak	Donnerstag
petak	Freitag
subota	Samstag
nedjelja	Sonntag
siječanj, januar	Januar
veljača, februar	Februar
ožujak, mart	März
travanj, april	April
svibanj, maj	Mai
lipanj, juni	Juni
srpanj, juli	Juli
kolovoz, august	August
rujan, septembar	September
listopad, oktobar	Oktober
studeni, novembar	November
prosinac, decembar	Dezember

Die wichtigsten Floskeln und Redewendungen

ja	*da*
nein	*ne*
bitte/ um etwas bitten	*molim/* *izvolite*
danke	*hvala*
Danke gleichfalls!	*Hvala također!*
Guten Tag!	*Dobar dan!*
Herzlich willkommen!	*Dobrodošli!*
Die Antwort darauf:	*Bolje Vas našli!*
Wie geht es Ihnen?	*Kako ste?*
Danke gut.	*Dobro, hvala.*
Leider schlecht.	*Pa, nažalost, loše.*
Auf Wiedersehen!	*Doviđenja!*
Hallo!	*Bog!*
Tschüss!	*Ćao!*
In Ordnung!	*U redu!*
Ich weiß nicht.	*Ne znam.*
Guten Appetit!	*Dobar tek!*
Zum Wohl! Prost!	*Živjeli!*
Erlauben Sie!	*Dozvolite!*
Entschuldigung!	*Oprostite!*
Es tut mir sehr leid!	*Veoma mi je žao!*
Bitte helfen sie mir!	*Molim Vas, pomoćite mi!*

Die wichtigsten Fragewörter

tko?	wer?
koga?	wen?
komu?	wem?
s kim?	mit wem?
što?	was?
čemu?	wozu?
čime/s čim?	womit?
gdje?	wo?
odakle?	woher?
kamo?	wohin?
kuda	wolang?
kako?	wie?
koliko?	wie viel, wie sehr?
pošto?	wie teuer?
zašto?	warum?
kad(a)?	wann?
otkad(a)?	seit wann?
do kad(a)?	bis wann, wie lange?

Die wichtigsten Richtungsangaben

desno	(nach) rechts
pravo/ravno	geradeaus
sve dalje	immer weiter
daleko	weit
raskrsnica	Kreuzung
u centru	im Zentrum
(odmah) ovdje	(gleich) hier
tamo	dort
lijevo	(nach) links
nazad/natrag	zurück
prekoputa	gegenüber
blizu	nah
semafor	Ampel
izvan grada	außerhalb der Stadt
(baš) tu	(genau) da
iza ugla	um die Ecke

Die wichtigsten Fragen

Gibt es ...?	*Ima li ...?*
Haben Sie ...?	*Imate li ...?*
Ich suche ...	*Tražim ...*
Ich brauche ...	*Treba mi ...*
Geben Sie mir bitte ...	*Dajte mi, molim, ...*
Wo kann man ... kaufen?	*Gdje se može kupiti ...?*
Wie viel kostet ...?	*Koliko košta ...?* *Pošto je ...?*
Wie viel kostet das?	*Pošto je to?*
Wo ist ...?	*Gdje je ...?*
Wie kommt man nach ...?	*Kako se ide u ...?*
Welche Straße führt nach ...?	*Koja cesta vodi do ...?*
Welcher Zug fährt nach ...?	*Koji vlak ide za ...?*
Ist dies der Zug nach ...?	*Je li ovo vlak za ...?*
Wo fährt der Bus nach ... ab?	*Gdje prolazi autobus za ...?*
Wann fährt der Bus/Zug ab?	*Kada polazi autobus/vlak?*
Fahren Sie mich bitte zu/nach ... (im Taxi)	*Odvezite me, molim Vas, do ...*

Begrüßung und Abschied

Dobar dan!	Guten Tag!
Dobro jutro!	Guten Morgen!
Dobro veče!	Guten Abend!
Laku noć!	Gute (Leichte) Nacht!
Doviđenja!	Auf Wiedersehen!
Zbogom!	Lebewohl. (Mit Gott!)
Ćao!	Ciao! Hallo! und Tschüss!

Nichts verstanden? – Weiterlernen!

Slabo govorim hrvatski.	Ich spreche kaum Kroatisch.
Molim?	Wie bitte?
Govori li ovdje itko engleski?	Spricht hier jemand Englisch?
Kako se to kaže ...	Wie heißt das ...
... na hrvatskom?	... auf Kroatisch?
... na njemačkom?	... auf Deutsch?
... na engleskom?	... auf Englisch?
... na francuskom?	... auf Französisch?
Ponovite, molim Vas!	Wiederholen Sie bitte!
Govorite sporije, molim!	Sprechen Sie bitte langsamer!
Možete li mi to napisati?	Können Sie mir das bitte aufschreiben?

Essen und Trinken

gostionica	Gaststätte
restoran	Restaurant, Speisegaststätte
kavana	Café
bar	Bar: Theke, wenige Sitzplätze
kafić	modisches Café oder Kneipe für Jugendliche
slastičarnica	Konditorei: Süßwaren, Säfte, Kaffee, kein Alkohol
čevabdžinica	Čevapčići-Imbiss
buregdžinica	Burek-Imbiss
jelovnik	Speisekarte
iznutrice	Innereien
mozak	Hirn
tripice, fileci	Kutteln, Pansen
jetra	Leber vom Grill
pršut	Räucherschinken
burek	Blätterteigtasche mit Hackfleisch oder Käse
gibanica	Strudel mit Nüssen, Apfel und Quark
grah	Bohnensuppe
ribe	Fische
bakalar	Stockfisch
škampe	Scampi
dagnje	Miesmuscheln
ostrige	Austern
sipa	Tintenfisch groß
lignje	Tintenfisch klein
riblja juha	Fischsuppe
Fali nam ...	Uns fehlt ...
... pribor za jelo	... Essbesteck
... žlica/vilica	... ein Löffel/eine Gabel
... nož	... ein Messer
... tanjur	... ein Teller
... čaša/šalica	... ein Glas/eine Tasse
Donesite nam ... bijelo/crno vino.	Bringen Sie uns Weiß-/Rotwein.
... dvije šljivovice.	... zwei Sliwowitz.
... jedan vinjak.	... einen Weinbrand.
... tri piva.	... drei Bier.
... gemišt, bevandu.	... Weinschorle.
... gusti sok.	... trüben Obstsaft.
... oranžadu.	... Limo.
... limunadu.	... Zitronenlimo.
... vruću rakiju.	... heißen Schnaps.
... svakom po kavu.	... jedem einen Kaffee.
Živjeli!/Dobar tek!	Prost!/Guten Appetit!
Platiti, molim./Račun, molim.	Zahlen, bitte./Die Rechnung, bitte.

Register

Die Autoren

Die Münchner **Daniela Schetar** und **Friedrich Köthe** haben Ethnologie und Soziologie studiert und zahlreiche längere Reisen und Forschungsaufenthalte im nordwestlichen und südlichen Afrika unternommen. Seit mehr als 20 Jahren arbeiten sie als freie Reisejournalisten für verschiedene Verlage. Für Reise Know-How schreiben sie Reiseführer über die Länder im südlichen Europa von Bulgarien bis Madeira, wobei Kroatien eines ihrer Schwerpunktthemen bildet. Seit 1972, also schon seit Titos Zeiten, sind die Autoren regelmäßig in Dubrovnik zu Besuch.

Die gebürtige Jugoslawin Daniela Schetar, die als Fünfjährige mit ihren Eltern nach Deutschland kam, schätzt Kroatien als ein Stück alte Heimat und Dubrovnik als ihre Lieblingsstadt.

Schreiben Sie uns

Dieses Buch ist gespickt mit Adressen, Preisen, Tipps und Daten. Unsere Autoren recherchieren unentwegt und erstellen alle zwei Jahre eine komplette Aktualisierung, aber auf die Mithilfe von Reisenden können sie nicht verzichten. Darum: Teilen Sie uns bitte mit, was sich geändert hat oder was Sie neu entdeckt haben. Gut verwertbare Informationen belohnt der Verlag mit einem Sprachführer Ihrer Wahl aus der Reihe „Kauderwelsch“.

Kommentare übermitteln Sie am einfachsten, indem Sie die Web-App zum Buch aufrufen (siehe Umschlag hinten) und die Kommentarfunktion bei den einzelnen auf der Karte angezeigten Örtlichkeiten oder den Link zu generellen Kommentaren nutzen. Wenn sich Ihre Informationen auf eine konkrete Stelle im Buch beziehen, würde die Seitenangabe uns die Arbeit sehr erleichtern. Unsere Kontaktdaten entnehmen Sie bitte dem Impressum.

Impressum

Daniela Schetar, Friedrich Köthe

CityTrip Dubrovnik

4., neu bearbeitete und aktualisierte Auflage 2020

ISBN 978-3-8317-3360-6

Printed in Germany

Druck und Bindung:
mediaprint solutions GmbH, Paderborn

Herausgeber: Klaus Werner
Layout: amundo media GmbH (Umschlag, Inhalt), Peter Rump (Umschlag)
Lektorat: amundo media GmbH
Karten: Ingenieurbüro B. Spachmüller, amundo media GmbH
Anzeigenvertrieb: KV Kommunalverlag GmbH & Co. KG, Alte Landstraße 23, 85521 Ottobrunn, Tel. 089 928096-0, info@kommunal-verlag.de
Kontakt: Osnabrücker Str. 79, 33649 Bielefeld, info@reise-know-how.de

---

Bildnachweis

Umschlagvorderseite: stock.adobe.com©Emi Cristea, Emiphotostock.com
Umschlagklappe rechts: Nadja Köthe, Seite 2: Friedrich Köthe
Soweit ihre Namen nicht vollständig am Bild vermerkt sind, stehen die Kürzel an den Abbildungen für die folgenden Fotografen, Firmen und Einrichtungen: dreamstime: dt | Friedrich Köthe: fk | fotolia.com by Adobe: fo | Nadja Köthe: nk | stock.adobe.com: as

Liste der Karteneinträge

Hier nicht aufgeführte Nummern liegen außerhalb der abgebildeten Karten. Ihre Lage kann aber wie die von allen Ortsmarken im Buch mithilfe der Web-App angezeigt werden (s. S. 143).

Zeichenerklärung

10	Hauptsehenswürdigkeit, fortlaufend nummeriert
[D3]	Verweis auf Planquadrat im Kartenmaterial
	Arzt, Apotheke, Krankenhaus
	Bar, Klub
	Café
	Camping
	Denkmal
	Fischrestaurant
	Galerie
	Geschäft, Kaufhaus, Markt
	Hotel, Unterkunft
	Imbiss
	Informationsstelle
	Jugendherberge, Hostel
	Kirche
	Moschee
	Museum
P P	Parkplatz/-haus
	Pension, Bed and Breakfast
	Polizei
	Post
	Pub, Kneipe
	Restaurant
★	Sehenswürdigkeit
●	Sonstiges
S	Sporteinrichtung
	Synagoge
	Theater
	Vegetarisches Restaurant
	Weinlokal
	Stadtspaziergang (s. S. 11)
	Auf den Spuren von Game of Thrones (s. S. 13)

Dubrovnik mit PC, Smartphone & Co.

QR-Code auf dem Umschlag scannen oder **www.reise-know-how.de/citytrip/dubrovnik20** eingeben und die **kostenlose Web-App** aufrufen (Internetverbindung zur Nutzung nötig)!

★ **Anzeige der Lage und Satellitenansicht aller** beschriebenen Sehenswürdigkeiten und weiteren Orte
★ **Routenführung** vom aktuellen Standort zum gewünschten Ziel
★ **Exakter Verlauf** der empfohlenen Stadtspaziergänge
★ **Audiotrainer** der wichtigsten Wörter und Redewendungen
★ **Updates** nach Redaktionsschluss

GPS-Daten zum Download

Die GPS-Daten aller Ortsmarken und der Spaziergänge können hier geladen werden: www.reise-know-how.de, dann das Buch aufrufen und zur Rubrik „Datenservice" scrollen.

Stadtplan für mobile Geräte

Um den Stadtplan auf Smartphones und Tablets zu nutzen, empfehlen wir die App „Avenza Maps" der Firma Avenza™. Über die Funktion „Store" kann die „Citymap Dubrovnik 2020" kostenlos geladen werden.

Die Web-App und der Zugriff auf diese über QR-Codes sind eine freiwillige, kostenlose Zusatzleistung des Verlages. Der Verlag behält sich vor, die Bereitstellung des Angebotes und die Möglichkeit der Nutzung zeitlich und inhaltlich zu beschränken. Der Verlag übernimmt keine Garantie für das Funktionieren der Seiten und keine Haftung für Schäden, die aus dem Gebrauch der Seiten resultieren. Es besteht ferner kein Anspruch auf eine unbefristete Bereitstellung der Seiten.

Diesem CityTrip-Band wurde hier ein herausnehmbarer Faltplan beigefügt. Sollte er beim Erwerb des Buches nicht mehr vorhanden sein, fragen Sie bitte bei Ihrem Buchhändler nach.